Arthur Maibach

Der Wunderbrunnen von Einigen und die Wallfahrt am Thunersee

Arthur Maibach

Der Wunderbrunnen von Einigen

und die Wallfahrt am Thunersee

Spiezer Veröffentlichungen
zu Geschichte und Heimatkunde
Herausgegeben von Arthur Maibach

3

Rediroma-Verlag

Bibliografische Information der Deutschen Nationalbibliothek:
Die Deutsche Nationalbibliothek verzeichnet diese Publikation in der Deutschen Nationalbibliografie; detaillierte bibliografische Daten sind im Internet über http://dnb.ddb.de abrufbar.

ISBN 978-3-96103-046-0

www.rediroma-verlag.de
13,95 Euro (D)
15,00 CHF

Inhalt

1.Einleitung

1.1 Einführung in die Thematik und Fragestellung

Die Strättliger Chronik von Elogius Kiburger gilt als ein umstrittenes historisches Dokument. Das lateinische Buch, welches er als Vorlage benutzte, ist unbekannt. Dr. Jakob Baechtold ist der Herausgeber der »Stretlinger Chronik. Ein Beitrag zur Sagen- und Legendengeschichte der Schweiz im XV. Jahrhundert.«

Das Vorwort beginnt mit diesen Worten: *Indem ich unsere »Bibliothek älterer Schriftwerke« mit einer der ältesten deutschen Chroniken aus der Schweiz eröffne, die freilich auf geschichtlichen Werth wenig Anspruch zu machen hat, uns aber, sowie »das Herkommen der Schwyzer« zeigt, wie man im XV. Jahrhundert anfieng, Schweizergeschichte zu machen, habe ich ihr nur wenige Geleitworte auf den Weg zu geben, (--). Die vielfach mit der Stretlinger Chronik verknüpften litterarhistorischen Momente liessen den vorliegenden Band ohne allzu grossen Zwang unserer Bibliothek, die eigentlich die sog. schöne Literatur der Schweiz ins Auge fasst, einverleiben.«*

Ein Schriftwerk also, welches auf geschichtlichen Wert wenig Anspruch zu machen hat. So wurde auch aus einem Text, den ich für einen Jahresbericht schreiben durfte, ein Teil herausgeschnitten. Mit der Begründung: »Ich habe Ihre Bemerkung bezüglich Elogius Kiburger weggelassen, da sie möglicherweise bestritten ist«.[1] Die Strättliger Chronik ist bestritten, die Aussagen des Elogius Kiburger sind bestritten, das lateinische Buch ist bestritten. Mit dieser Arbeit versuche ich diese Bestreitungen zu bestreiten. Ich gehe davon aus, das Elogius Kiburger die Strättliger Chronik zur Erbauung der gläubigen christlichen Gemeinschaft abgefasst hat. Sein Ziel war es, mit diesen altüberlieferten Sagen, Legenden und Geschichten den Menschen die wundersame Kraft Gottes näher zu bringen. Er wollte seine Gemeinde auf dem rechten Weg behalten oder sie auf diesen zurückbringen. Er schrieb diese Zeugnisse aus vergangener Zeit in der Sprache, die von der Bevölkerung im 15. Jahrhundert gesprochen und verstanden wurde. Kiburger erwähnt oft, dass er aus einem lateinischen Buch abgeschrieben habe zu dieser Zeit ein ganz normaler Vorgang, einen lateinischen Text zu transkribieren. Dazu kommen die »Wunder«, von denen seit Generationen im Dorf gesprochen wurden oder welche man vom Hörensagen wusste. Geschichten, die sich so oder ähnlich abspielten, aber auch Wunschdenken, welches, wenn es sich fest in der Fantasie eingebrannt hat, als erlebt weitergegeben wird. So wie

---

[1] E-mail vom 30. 12. 2012 an art-uhr@bluewin.ch

ich es sehe, hat Elogius Kiburger nur das zu Papier gebracht, was er gehört (Oral History), gesehen und oder gelesen hatte (Visual History). Die Strättliger Chronik ist somit ein wichtiges Zeugnis, wie sich Wissen, Hören, Weitersagen, Fantasie und Wahrheit vermischen. Daraus ergibt sich für mich die Fragestellung, wie viel Wahrheit ist in diesem Buch? Dazu dienen mir die heute noch sichtbaren Elemente: die Strättligburg, die Kirche im Paradies und der Brunnen, der im Jahr 2012 gefunden wurde, und die »Stretlinger Chronik«.

Von großer Bedeutung ist auch die Frage, wer hat etwas wann geschrieben? Wurde ein Text unmittelbar während eines Ereignisses oder nur Stunden danach zu einem schriftlichen Text abgefasst oder verstrichen zwischen Ereignis und Niederschrift einige Monate, Jahre oder Jahrzehnte? War der Verfasser des Textes persönlich anwesend, war er Augenzeuge? Konnte er die Informationen von einem Augenzeugen erhalten haben. Dies sind eine Menge Fragen, die es zu beantworten gibt, um einer Aussage die nötige Wahrheitskraft zu verleihen. Diese Fragen können oft nicht beantwortet werden, was zu der Annahme führt, dass es sich um über Jahre hinweg mündlich weitergegebene Erzählungen handelt, bei denen jeder, der sie weitergab, seiner Fantasie freien Lauf ließ.

Zudem ist noch zu erwähnen, dass die Sprache von der Zeit des Geschehens bis zur Niederschrift Veränderungen ausgesetzt war. Das geht von Latein über Mittelhochdeutsch zu Frühneuhochdeutsch, mit all den verschiedenen Dialekten, was dem Wahrheitsgehalt einer Aussage noch das seinige dazu tat. So wurde aus einem Körnchen Wahrheit viel Fantasie und im Verstreichen von vielen Jahren Geschichten, die oft mit der Wahrheit absolut nichts zu tun haben. Geschichten, die als Sagen bis zum heutigen Tag weitererzählt werden, denen Denkmäler erbaut wurden (Telldenkmal, Winkelrieddenkmal, usw.), Sagen, die so oft und mit Nachdruck erzählt werden, bis der Erzähler diese selbst glaubt.

Auch stellt sich die Frage, für wen wurde ein Text geschrieben? Wer war der Auftraggeber? Lesen und Schreiben war lange Zeit nur dem Klerus und der weltlichen Obrigkeit vorbehalten. Somit konnte der Auftraggeber für einen Text nur die Kirche oder der Staat sein. Chronisten wollten oder mussten ihren Auftraggebern dienen und hatten die Texte nach ihren Wünschen zu verfassen. Es gab keinen freien Journalisten, keiner, der aus freiem Willen seine Erfahrung und Meinung niederschrieb. Und es gab auch nur sehr wenige, die lesen oder schreiben konnten.

Es sei mir erlaubt, in der »Quellenlage«, Kiburgers Strättliger Chronik mit einigen Geschichten aus der Schweizer Geschichte zu vergleichen. Nur so kann jeder Leser sich selbst ein Bild zur Geschichte der Schweiz und zu der Strättliger Chronik machen. Im Vorwort der Strättliger Chronik schrieb Dr. Jakob Baerchtold: »*Indem ich unsere Bibliothek älterer Schriftwerke mit einer der ältesten deutschen Chroniken aus der Schweiz eröffne, die freilich auf geschichtlichen Werth wenig Anspruch zu machen hat, uns aber, sowie das Herkommen der Schwyzer Zeigt, wie man im XV. Jahrhundert anfing Schweizergeschichte zu machen, ...*« Dr. Jakob Baechtold legt wenig Anspruch auf geschichtlichen Wert, sowohl für die Strättliger Chronik als auch für die Schweizer Geschichte.

Nun stellt sich noch die Frage, wie Geschichten entstehen? Weil andere Völker oder Regionen selbst Geschichten seit alters kannten, wollten Neuankömmlinge, Völker oder Kirchen auch eine Geschichte besitzen, zum Beispiel aus Gründen der Identitätsbildung. Jedoch verändert sich mündliche Tradition, wenn sie niedergeschrieben wird, umso mehr, wenn dies in einer anderen Sprache erfolgt, zum Teil von Menschen, die nicht einer bestimmten Gruppe angehörten, in der die Tradition weitergegeben worden war. Ein zentraler Augenblick der Veränderung ist der Moment, in dem die Geschichte erzählt wird. Die Fragen des Verfassers können dazu führen, dass der Erzähler seine Erinnerungen neu kreiert oder die ganze Geschichten neu erfindet.

1.2 Quellenlage

Die zu untersuchenden Quellen sind klar definiert. Zum einen ist es »Die Schwalbe, ein Berner-Volksbuch«, 1853, erster und einziger Jahrgang, Verlag C. Wüterich-Gaudart, Bern, und der erste Band der »Bibliothek älterer Schriftwerke der Schweiz und ihres Grenzgebietes«, herausgegeben von Jakob Baechtold und Ferd. Vetter. »Die Stretlinger Chronik«, ein Beitrag zur Sagen- und Legendengeschichte der Schweiz aus dem XV. Jahrhundert. Mit einem Anhang: »Vom Herkommen der Schwyzer und Oberhasler«, herausgegeben von Dr. Jakob Baechtold. Frauenfeld. Verlag von J. Huber. 1877 gedruckt in J. Hubers Buchdruckerei in Frauenfeld. Die Strättliger Chronik aus dem 15. Jahrhundert ist im Staatsarchiv in Bern. Der Verfasser der Strättliger Chronik war der bekannteste der Pfarrherren von Einigen, Elogius Kiburger, ein bernischer Geistlicher, der im Dienste der Bubenberg empor kam. Dazu kommt die »Berner-Chronik« des Conrad Justinger, 1871, Cesarius Heisterbach, »Dialog über die Wunder« (Dialogus Miracularum) Band 1-5. Eine weitere Quelle ist

Diebold Schillings Spiezer Bilderchronik, »Die Schweiz im Mittelalter«, die Studienausgabe zur Faksimile-Edition der Handschrift Mss. hist. helv. I.16 der Burgerbibliothek Bern, herausgegeben von Hans Häberli und Christoph Steiger, im Faksimile Verlag Luzern 1991. Zur Geschichte der Kirche Einigen werde ich das Buch »Einigen«, die Geschichte einer bernischen Dorfkirche im Rahmen der allgemeinen geschichtlichen Entwicklung, von Hans Gustav Keller beiziehen. Es erschien 1946 in der Druck und Verlagsanstalt Adolf Schaer, Thun. Aber auch die Region am Thunersee, die Kirche Einigen und der Brunnen, die Strättligenburg und Ausgrabungen dienen als visuelle Quellen.

Diese visuellen Quellen, die Gebäude, möchten ihre Geschichte erzählen. Geschichten, die aus wahren Begebungen und Fantasie zusammengestellt wurden. Nun ist es nur noch maßgeblich, wie die Menschen damit umgehen und diese vermarkten. Es sei mir ein Vergleich erlaubt, den Wunderbrunnen im Paradies am Wendelsee, den Willhelm Tell, Morgarten, Winkelried und das Heidi gegenüberzustellen. All diese Geschichte sind eine Verbindung aus Wahrheit und Mythologie. Die Quelle für's »Heidi« kommt aus der Feder des westfälischen Schriftstellers Hermann Adam von Kamp (1796-1867) mit dem Titel: »Adelaide, das Mädchen vom Alpengebirge«.

Diese 30 Seiten wurden von Johanna Spyrig neu verarbeitet und zum »Heidi« umgeschrieben, was zu einem Welterfolg wurde und einer Region in der Schweiz einen neuen Namen gab: »Heidiland«. Wie viel Wahrheit Herr von Kamp für »Adeleide« zur Verfügung hatte, lässt sich nicht mehr erörtern. Bestimmt ist auch diese Geschichte aus Erlebnissen und Begebenheiten des Autors hervorgegangen. Und Johanna Spyrig konnte möglicherweise ihre Erlebnisse und Fantasie mit einwirken lassen. Die Quelle für den Willhelm Tell ist das Weisse Buch von Sarnen, welches Johann Wolfgang von Goethe gelesen hatte und dem Herrn Schiller erzählte. Dieser Friedrich Schiller, der begabte Schriftsteller, machte daraus den »Willhelm Tell«. Oder auch die Schlacht am Morgarten, die möglicherweise gar keine Schlacht war, sondern ein ganz natürlicher Felssturz, genau zu dem Zeitpunkt, als die Habsburger das Tal durchschritten. Dreißig Jahre später wurde dieses Ereignis zu Papier gebracht und als Sieg der Bewohner der drei Talschaften zugeschrieben.

Jeder Schweizer kennt die Sage von Arnold von Winkelried, der bei der Schlacht bei Sempach, mit seiner Aussage »sorget für meine Frau und meine Kinder« in die Geschichte einging. Er ließ sich von mehreren Speeren aufspiessen und bildete so eine Gasse, dass seine Kameraden in die feindlichen Linien eindringen konnten. Nun stellt sich jedoch die Frage, wer hat diese Aussage von Winkelried gehört. Der Lärm auf einem Schlachtfeld war geradezu ohrenbetäubend. Die Schreie der Männer, das Aufeinanderprallen der Hieb- und Stichwaffen und das Rasseln der Eisenrüstungen übertönten alles so, dass keiner die Worte von Winkelried hätte hören können. Auch wenn einer einige Bruchstücke seiner Worte hätte hören können, war die Möglichkeit sehr klein, dies weiterzugeben, da der Augen- und Ohrenzeuge, der im Kampf in unmittelbarer Nähe von Winkelried war, mit allergrößter Wahrscheinlichkeit, auch nicht überleben konnte. Somit ist auch diese Geschichte unter die Aussage Dr. Baechtolds zu stellen: »*... die freilich auf geschichtlichen Werth wenig Anspruch zu machen hat*«.

Ebenso wie bei der »Urfassung« des »Heidi«, ist auch die Vorlage des »Tell« im Weissen Buch ein Schriftstück von knapp zehn Seiten. Die Vermutungen, wann und von wem das Weisse Buch von Sarnen geschrieben wurde, gehen weit auseinander. Es wurde 1854/55 von Zürcher Historikern entdeckt. Da es möglicherweise eine Justinger Kopie ist, kann es frühestens um 1740 entstanden sein. Die Berner Chronik wurde von Conrad Justinger, und die Strätligen Chronik von Elogius Kiburger geschrieben, wer das Weisse Buch von Sarnen schrieb, ist nicht nachvollziehbar. Erwähnt wird ein Hans Schreiber, ein Name, der vielen zugeteilt wurde, die schreiben konnten. Zu dieser Zeit konnten nur wenigen Menschen schreiben, wenn es jedoch einer konnte, wurde er Schreiber genannt. Wirklichkeit und Mythologie sind oft sehr nahe beieinander, die Quellenlage oft undurchsichtig, sie kann vom Betrachter für seine jeweiligen Ansprüche zurecht gebogen werden.

Für diese Arbeit werde ich viel aus den noch vorhandenen Quellen zitieren und diese gegenüberstellen. So kommt es vor, dass dieselbe Geschichte mehrmals, aus verschiedenen Quellen dargestellt wird. Auch werden die Wundergeschichten von einigen mit ähnlichen Wundern von anderen Brunnen im In- und Ausland gegenübergestellt.

Möge es gelingen dass diese Zeilen zum Nachdenken anregen.

2. Der Brunnen

2.1. Fund des Brunnen

Im Frühsommer des Jahres 2011 wurde ich von einem Gartenbaufachmann darauf aufmerksam gemacht, dass in einem Garten in Einigen ein Brunnen gefunden wurde. Sofort konnte ich den Brunnen besichtigen, der bei Umbauarbeiten und Umgestaltung des besagten Gartens beim Entfernen eines Busches zum Vorschein kam. Es ist ein runder Sodbrunnen in einem sehr guten Zustand. Ist das der Brunnen, der Wunderbrunnen, der Brunnen im Paradies?

Sofort meldete ich diesen Fund dem Archäologischen Dienst des Kantons Bern, der eine Untersuchung machte. Im Jahrbuch 2013 ist unter der Rubrik »Fundberichte« folgender Bericht zu lesen: *»Bei einer Umgestaltung eines Gartens wurde ein Sodbrunnen entdeckt. Der trocken gemauerte Brunnen hat einen Durchmesser von 1,1 m, eine Tiefe von rund 2 m und lieget nur 12 m vom Thunersee entfernt. Er kann nicht datiert werden, bleibt aber in der Gartenanlage unverändert erhalten.«*[2]

[2] Jahrbuch des Archäologischen Dienstes des Kantons Bern, 2013, Seite 52

Viele Fragen sind nun offen und suchen nach einer Antwort. Und in diese Fragen versuche ich mit dieser Arbeit etwas Licht zu bringen. Ob nun dieser Brunnen jener ist, der in der »Strättliger Chronik« erwähnt wird, werde ich nicht mit Sicherheit beantworten können. Jedoch besteht durchaus die Möglichkeit, dass dort, wo dieser Brunnen liegt, ein Vorgänger-Brunnen war, der mit dem Brunnen im Paradies in Verbindung gebracht werden könnte. Nun gibt es in Einigen die Kirche und den Brunnen. Die Kirche war seit der Erbauung immer sichtbar. Der Brunnen war sehr lange Zeit auch sichtbar und wurde rege benutzt. Was nun genau dazu führte, dass der Brunnen austrocknete und unbenutzt in Vergessenheit gelangte, ist auch ein Teil dieser Schrift. Von zentraler Bedeutung jedoch ist die Tatsache, dass die Kirche und der Brunnen in Einigen noch sichtbar sind. Wobei sich der Brunnen in einem privaten Garten befindet, der der Öffentlichkeit nicht zugänglich ist. So bitte ich den Leser dieses Buches, nicht nach dem Brunnen zu suchen. Um die Privatsphäre der Bewohner des Hauses und Besitzer des Gartens zu schützen, bitte ich alles zu unterlassen, was stören könnte. Ich werde alles, was zu diesem Brunnen in Erfahrung zu bringen ist, in diesem Werk weitergeben. Freuen wir uns gemeinsam, dass der Brunnen heute noch da ist und dass ein weiterer wichtiger Teil der »Strättliger Chronik« als Wahrheit eingestuft werden kann. *»in dem selben Garten des Paradies ein Brunnen were, der aufwiele oder ein wellender Brunnen were, der ouch gemacht als vischsammler und der usgang des brunnen ouch gienge in den vor genannten see (Wendelsee).* So ist im dritten Kapitel der Strättliger Chronik, »*Wie die Kilch im Paradies, die man nuo Zeiningen nempt, har ist kommen«,* der Brunnen, bei der die Kirche gebaut werden soll, beschrieben. Es ist nicht leicht, die Geschichte des »St. Michaelbrunnens« von Einigen auch nur zu skizzieren, schreibt Hans Gustav Keller im Buch »Einigen«. Seit Kiburger in der Strättliger Chronik vom Brunnen im Paradies geschrieben hatte, blieb er bis zum heutigen Tag ein Thema. Mit größter Wahrscheinlichkeit war der Brunnen noch ein fester Bestandteil im Kilchhof zu Einigen, als Kiburger in der Mitte des 15. Jahrhundert Pfarrer in Einigen war. Der Brunnen und die Kirche waren nahe beieinander und für alle sichtbar. Ich gehe davon aus, wenn von einem Brunnen gesprochen oder geschrieben wird, es sich um eine Wasserfassung handelt. Das Wort Brunnen wurde auch für Wasserfälle gebraucht. So ist der Name des Dorfes Lauterbrunnen wahrscheinlich eine Ableitung von »viele Wasserfällen«, lauter Brunnen. In Einigen gab es keine Wasserfälle, jedoch einige Quellen. Ein Brunnen ist eine Anlage zur Gewinnung von Trinkwasser für Trink- oder Nutzzwecke. Das Frühneuhochdeutsche Wort Brunnen bedeutet Quelle oder Quellwasser, aber auch Wasser, Brunnen (Wasserfassung) oder Urin, Harn. Sauerer Brunnen ist eine Heilquelle oder Mineralquelle.

Hans Gustav Keller hat bemerkenswerte Mitteilungen über die Wunderquelle zusammengetragen, welche ich hier ungekürzt weitergebe. »*Nach dem mittelalterlichen Kiburger, der die heilsame Quelle zuerst nennt, scheint erst bei Scheuchzer eine Nachricht aufzutauchen. In seiner Natur-Historie des Schweizerlandes (2. Auflage, 1752) erwähnt Johann Jacob Scheuchzer das Jucki-Brünnelein: Ein sehr kalter Brunn bey Thun, in welchem sich die Anwohner samt den Kleidern baden wieder allerhand Zustände. Hans Jakob Holzhalb teilt 1788 mit: Dieser Brunnen befinde sich eigentlich in einem Orte im Paradies genannt, nahe bey den Dorfe Einigen, in der Freyherrschaft Spiez, ist aber seit dem die Kander in den Thunersee geleitet wurde, gänzlich ausgetrocknet. Andere Forscher nehmen an, dieses Juckibrünnlein habe sich in Einigen befunden und sei die Quelle, die Kiburger nennt.*

In seinen handschriftlichen »Chronistischen Mèmories« aus dem Jahre 1842 schreibt Carl Howald unter einem dazugehörenden Aquarell: »Die Wunderquelle: Die Quelle des ehemaligen

Wunder- oder St. Michaelsbrunnen ... kann nicht mehr genau angegeben werden. In der nähe des Pfarrhauses quillt, hart am Seeufer, vortreffliches Wasser aus dem Boden herauf. Im Sommer ist dasselbe eiskalt, im Winter lau und überfriert niemals. Siehe die obige Abbildung. Merkwürdig ist, dass, als wegen der Brückenbauten in Bern und Thun, in letzteren Orte, während des Winters im Jahr 1841, die Schleusen der Aare lange Zeit offen gestanden und die Seefläche so niedrig wurde, wie man dieselbe seit Menschengedenken nie gesehen hatte; dass damals, etwa 20 Schritte vom Ufer weg, auf dem Seegrunde, in gerader Richtung hinter dem Chor der Kirche, 14 kleine Quellen hervorsprudelten, in deren Nähe man steinerne Platten wahrnahm, die einst hier, wie für den Boden eines Wasserbehälters eingelegt worden waren.« Zehn Jahre später hat Howald im 1. Jahrgang der »Schwalbe« (1853) die Quelle nochmals beschrieben: »Die Quelle des ehemaligen Wunder- oder St. Michaelsbrunnen, von welchem die Einigen-Chronik merkwürdige Dinge erzählt, hat noch nicht versiegt und kömmt in der Nähe des Pfarrhauses, hart am Seeufer, aus dem Boden hervor. Ein vortreffliches klares und reines Trinkwasser, welches nicht, wie dasjenige mancher Brunnen, wie Blei den Magen beschwert; es quillt nicht so hoch über dem Ufer heraus, dass es durch einen Deichel oder Röhre geleitet werden könnte. Eine hartsteinerne Einfassung, mit welcher die Quelle gegen den Abhang des Landes gewissermassen geschützt ist, verrät hohes Alter; bei erhöhtem Wasserstand des Sees verliert sich unter demselben die Spur der Quelle gänzlich. Als der Verfasser diesen Ort besuchte. war das Seewasser niedrig und so weit von seinem gewöhnlichen Ufer zurückgetreten, dass in einiger Entfernung davon auf dem Seegrunde einige hartsteinerne, aller Wahrscheinlichkeit nach von Menschenhand zubereitete Platten wahrgenommen werden konnten, an denen man jedoch weder Bildwerk noch Inschrift mehr bemerkte, sie mochten wohl seit manchen Jahrhunderten hier gelegen haben. ... Die Quelle ist von der Art, wie es in der Umgegend beider Seeufer mehrere gibt, deren Wasser im Sommer eiskalt und im Winter beinahe lau ist, so dass es nie überfriert«.

Bei Albert Jahn (1857) ist zu lesen: »Ehemals war hier ein Überfluss an schönem Springbrunnen, auch das sogenannte Jucki-brünnlein, ...; allein seit Anlegung des Kanderkanals, im Jahr 1711, sind dieselben abgestanden«. Dagegen glaubt E. F. Gelpke (1862), die alte Wunderquelle zu kennen: »Nebenbei (d. h. neben der Kirche) sprudelt aber fort und fort die treffliche Quelle, die zwar nicht mehr Wunder verrichtet, wohl aber zur Sommerzeit mit ihrem kalten klaren Wasser wunderbar erfrischt«. Hermann Hartmann (1910) ist der Auffassung, die mittelalterliche Quelle, später Juckibrünnlein genannt, sei nach dem Kanderdurchstich 1714 versiegt. Aderer Ansicht ist E. A. Stückelberg (1925): »Das Mirakelbuch (Kiburgers Strättligen Chronik) nennt uns den Quell zirka 85 Meter hinter der Kirche. Wir haben ihn wiedergefunden und erforscht. Er ist wie der zu Saint-Maurice im Sommer kühl, im Winter lau, und friert nie ein. Ausgrabungen an dieser Stelle wären äusserst lohnend«. 1929 teilt W. Wellauer mit, der Gemeinderat von Spiez habe 1928 den Versuch gemacht, die wundertätige Quelle in Einigen, ungefähr 85 Meter hinter der Kirche, zu fassen und zu restaurieren. Eine chemische Analyse des Wassers der Quelle durch Dr. Hirschi, Geologe in Spiez, ergab »einen kleinen Radium-Emanationsgehalt, deutliche Chlorid- und Sulfatreaktion, ist aber geruch- und geschmacklos. Dieser Wert entspricht dem Gehalt, den gute Quellwasser haben«. O. Weber meint (1929), bei der Einführung der Kander in den Thunersee 1711 bis 1714 seien die Steinschichten des Moränezuges ob Einigen durchschnitten worden, so dass deren Wasser einen neuen Abfluss erhalten haben dürfte. »Das versiegen der alten Michaelsquelle wäre so erklärlich«. Die 1928 von Dr. Hirschi gefundene, ziemlich tief liegende Quelle von etwa 10 Minutenliter befinde sich etwa 30 Meter oberhalb der neuen Ländte. A. Heubach (1937) neigt einer ähnlichen Auffassung zu: »Das Einiger Gebiet zeichnet sich durch einen grossen Quellenreichtum aus, so dass die Wunderquelle wohl nicht mehr zu identifizieren ist und wir auf ihre Wirkung verzichten müssen«. S. A. Gassner (1943) hält ein Versiegen des St. Michaelsbrunnen in Einigen nach dem Kanderdurchstich für ausgeschlossen und erblickt in der Quelle »ob der Ländte Einigen, östlich hart am Haus Häsler und südöstlich der Kirche« den alten Wunderbrunnen. A. Schätzle verdanke ich die folgende Auskunft (1943): »Der Michaelsbrunnen lag nach Kiburger (Baechtold S. 32) im Pfrundgarten. Es gibt nur eine Quelle, die damit übereinstimmen kann: sie liegt ca 30 Meter östlich des alten Pfarrhauses (Hans Häsler). Grossrat Häsler versuchte in den zwanziger Jahren die Quelle zu fassen, der Versuch misslang und der Austritt kam dadurch tiefer als das umliegende Gelände zu liegen, so dass der Abfluss kanalisiert werden musste. Es speist seit einigen Jahren einen kleinen Fischbehälter... Über das Versagen einer Quelle in Einigen (als Folge des Kanderdurchstichs ist urkundlich nichts bekannt).[3]

Soweit zu den mehr oder weniger wissenschaftlichen Befunden zur Quelle, welche den St. Michaelsbrunnen zu Einigen mit Wasser versorgt

---

[3] Hans Gustav Keller, Einigen, Druck und Verlagsanstalt Adolf Schaer, Thun 1946

haben könnte. Ob nun der Brunnen im Garten, nahe bei der Kirche in Einigen genau der Brunnen ist, von dem Kiburger berichtet, kann nicht mit aller Garantie bestätigt werden. Es besteht jedoch durchaus die Möglichkeit, dass an genau diesem Ort in Einigen bei der Kirche der St Michaelsbrunnen war. Warum der Brunnen versiegte, welchen Weg das Wasser nun geht, wird möglicherweise nie geklärt werden können. Von großer Bedeutung jedoch ist die Tatsache, dass in Einigen bei der Kirche ein Brunnen war und heute noch ist, dem Wunder zugeschrieben wurden.

2.2 Elogius Kiburger

»Die Kirche soll an dem End des Garten, der Hofsatt, welche *zum Paradiese* hieß, gebaut werden.« Nur ein sehr schöner, ein wunderbarer, ein alles übertreffender Ort,kann den Namen *zum Paradies* tragen. Dieser Ort war nicht nur im ersten Jahrtausend von hervorragender Schönheit, er ist es immer noch. So hat auch ein Schriftsteller, der im Jahr 1930 von Wien nach Einigen zog, diesen Ort wegen seiner paradiesischen Schönheit und Ruhe als seinen Wohn- und Arbeitssitz gewählt. Er liebte diesen Ort so sehr, dass er den Ortsnamen seinem eigenen Namen beifügte. Hans Müller Einigen erklärte dieses Dorf in seinem Buch »Geliebte

Erde« zum ***schönsten Punkt der Welt.*** Dieser Punkt mit dem Namen Einigen und die Kirche *zum Paradies* werden den Hauptteil dieses Versuches sein, *»Die Stretlinger Chronik von Elogius Kiburger«* ein weiteres Mal auf seine Wahrheit zu prüfen und vor dem Vergessen zu bewahren. Es ist nicht meine Absicht, die Strättliger Chronik zu erklären, nein, sie soll ihren Platz in der Geschichte der Bäuert Einigen und der Kirche zum Paradies erhalten. So werde ich aus der *Strättliger Chronik* sehr viel zitieren, mit Schwerpunkt Brunnen. Dazu benutze ich die Ausgabe von Dr. Jakob Baechtold, erschienen im Verlag von J. Huber Frauenfeld im Jahre 1877. Der Originaltext wird in *Kursivschrift,* mit der endsprechenden [Seitenzahl] ersichtlich gemacht. Da die Strättliger Chronik in frühneuhochdeutscher Sprache[4] abgefasst ist, wird sie vom Verfasser ins heutige Deutsch, dem Neuhochdeutsch, umgesetzt.

Nun ist es aber an der Zeit, den Autor der Strättliger Chronik, Elogius Kiburger, kennenzulernen. In der Strättliger Chronik, Urtext S. 30, in der Ausgabe von Baechtold S. 38, nennt er sich selbst Elogius Kiburger. Der Name <u>Eulogius</u> Kiburger

[4] Frühneuhochdeutsch nennt man die historische Sprachstufe der deutschen Sprache zwischen dem Deutsch des Mittelalters, den Mittelhochdeutschen und dem heutigen Deutsch, dem Neuhochdeutschen. Die Periode der frühneuhochdeutschen Sprache wird ungefähr von 1350 bis 1650 angesetzt.

wird bei Baechtold nur einmal auf S. XXXI mit dem »u« geschrieben. So werde ich mich an den Namen halten, wie er sich selbst nennt ... *da ich aber, Schreiber dieses Buches mit dem Namen Elogius Kiburger, Kirchherr der Kirche zu den selben Zeiten des Paradieses St. Michaels in dem Jahr, da man von der Geburt Christi zählt vierzehnhundert vierzig und sechs Jahr ... (38, 16-20).*

Das Geburtsjahr von Kiburger ist nicht bekannt, jedoch hat Hans Gustav Keller in seinem Buch Einigen, eine Jahrzahl angenommen: »Wenn man annimmt, dass Kiburger der Verfasser des wahrscheinlich um 1439 geschriebenen *Regimen pestelenciale* ist, so wird die Vermutung erlaubt sein, er sei zur Zeit der Abfassung dieses Pestregimens etwa 20 – 30 Jahre alt gewesen. Er wäre folglich frühestens um 1410 – 1420 geboren. 1446 war er bestimmt Pfarrer von Einigen, was auf ein Alter von ungefähr 20 – 25 Jahre schließen lässt und auf ein Geburtsjahr zwischen 1420 – 1425.«[5] Er stirbt in Bern am 15. Juli 1506, was auf ein alter von 85 – 95 Jahren hinweist.

Die Pfarrerausbildung vor der Reformation umfasste relativ bescheidene Kenntnisse: »Legere, Cantare, Exponere, Sententiare, Declinare, Construere, in Generalibus curae et practice.« Die Kandidaten für die Priesterweihe mussten eine

---

[5] Hans Gustav Keller, Einigen, S. 61, Thun, Druck und Verlagsanstalt Adolf Schaer. 1946

gewisse Lesefähigkeit vorweisen können, Singen, das Auslegen von Bibeltexten, das rudimentäre Beherrschen der lateinischen Sprache sowie das Verständnis der Grundsätze der Seelsorge und deren praktische Anwendung kennen. Das Erkennen von Sünden und Nicht-Sünden, die Buß- und Sakramentslehre sowie den Ablauf des Kirchenjahres mit den Festen oder Kalenderberechnungen. Akademisch-theologisches Wissen wurde hingegen nicht verlangt.[6] Was bei dieser Ausbildung besonders ins Auge fällt, sind die Aussagen, »eine gewisse Lesefähigkeit« und »das rudimentäre Beherrschen der lateinischen Sprache«. So kann man davon ausgehen, dass Kiburger mit eher mittelmäßigen Kenntnissen der lateinischen Sprache, sich mit einem lateinischen Buch beschäftigte, welches er transkribierte und als Grundlage für die Strättliger Chronik brauchte. Da, wo die Sprachkenntnisse nicht oder nur rudimentär vorhanden waren, kam mit großer Wahrscheinlichkeit Kiburgers Fantasie zur Anwendung.

Elogius Kiburger war ein bernischer Geistlicher, der im Dienste der Bubenberg emporkam. Er war der Schützling des Heinrich von Bubenberg und seines Sohnes Adrian. Von Heinrich spricht er als »meinem gnädigen lieben wohlgeborenen und edlen Herren von Bubenberg«, der zu seiner Zeit

---

[6] Beat Immenhauser, Berner Zeitschrift für Geschichte und Heimatkunde, 70. Jahrgang, 2008, Heft 2, Seite 2

Schirmherr der Kirche zu Einigen war. Seit 1456 finden wir Kiburger in Worb, wo er auch unter dem Dienste Heinrichs von Bubenberg stand. 1478 wird Kiburger als Kammerer und Kaplan zu Münsingen, dessen Patronatsrecht auch den Bubenbergs zustand. Schließlich wird er 1488 Chorherr am St. Vinzenzstift in Bern.

2.3 Die Strättliger Chronik

Der Erste Teil und Unterschied, wie die Herrschaft Stretlingen her gekommen ist und warum ihr Name so heisst.

Man findet also geschrieben und liest das in den alten Chroniken der Römer, das im Jahr, da man zählt von der Geburt Christi hundert und eins und zwanzig Jahr, unter dem Papst Alexander[7], der erste so genannt, – dieser war von Geburt ein Römer –. Zur selben Zeit war ein Kaiser mit dem Namen Adrianus Elyus. Er hatte seinen Namen von der Stadt Adria; bei dieser Stadt das Meer heisst, das Meer Adriacum. Dieser Kaiser Adrianus war (hocher spizer sinnen), sehr intelligent, und konnte gut reden. Er war auch wohl gelehrt in

[7] Die Regierungsjahre der ersten Päpste steht nicht eindeutig fest . So wird angenommen, das Alexander I. von 105 – 115 regierte.

den natürlichen Künsten; auch in Musik, das ist in Gesang, desgleichen in Astronomie, das ist in den Sternen sehen. Der Selbe vor genannte Kaiser regiert und richtet zwanzig und ein Jahr in der Gewalt eines Kaisers des römischen Reiches [1-2].

Adrianus Elyus ist Hadrian. Publius Aelius Hadrianus, römischer Kaiser 117 – 138. Er wurde am 24. 1. 76 in Spanien geboren und starb, nach der Rückeroberung Jerusalems schwer erkrankt am 10. 7. 138 in Baiae. 122 ließ er den Limes verstärken und in den Jahren 122 – 128 den Hadrianswall im nördlichen England errichten. Der Hadrianswall schütze die römische Provinz Britannia zwischen dem Solwaybusen und der Tynemündung. Die im nördlichen England gebaute Grenzbefestigung war 118 km lang, hatte 320 Türme, 17 Kastelle, 80 Tore, war 4,5 m hoch und 3 m breit.

Kiburger weiß von der großen Intelligenz des Hadrian und von seinen musischen Fähigkeiten. Mit keiner Silbe wird von den wirklich großen Taten des noch heute berühmten Hadrian geschrieben. Jedoch wusste Kiburger, dass Hadrian 21 Jahre regierte. Wollte Kiburger nur die schönen Seiten des römischen Kaisers weitergeben oder wusste er vom wirklichen Wirken Hadrians nichts?

Die ersten Zeilen der Strättliger Chronik entsprechen der absoluten Wahrheit. Die beiden Namen, Papst Alexander I., und Adrianus Elyus (Hadrian), die angegeben Jahrzahlen und die Amtsdauer sind in den Geschichtsbücher exakt so nachzulesen.

In diesen Zeiten war einer, von seinem Geschlecht ein König, der Geburt von seiner Mutter von Alexandria, aber von seinem Vater war er ein Römer von einem erhabenen grossen Geschlechts des Senats oder des Rates zu Rom geboren, mit dem Namen Ptholomeus. Dieser Ptholomeus war auch hoch gelehrt in der Kunst der Methematik, das ist in der Ausrechnung. Er hat auch in der Astronomie viel gesetzt und geschrieben und dazu gelegt, mehr als zuvor war gewesen. Er hat auch viele Bücher davon gesetzt und gemacht. Der Selbe Ptholomeus lebte siebzig und acht Jahr (78); von seinem Wesen und seines Leibes war er in rechter Länge, nicht zu kurz und auch nicht zu lang; in der Person ein weiser Mann. Er war auch sehr stark; er brauchte auch zu allen Zeiten massvolle Speise und trug ehrliche Kleider. Das war gemeinhin sein Sprichwort: »der Mensch ist oder wird der Höchste, der da nicht achtet, in wessen Hand das Erdreich ist!« Er sprach auch: »wer sich selbst straft an seiner Missetat, der wird von anderen Leuten nicht gestraft«. Er sprach auch:

die letzten Verheissungen des Menschen, die sind die liebsten. Nun war er aber ein Anbeter des Aberglaubens und wenn er nun die Werke der Barmherzigkeit Beständigkeit übte, da wollte in der Allmächtige Gott erleuchten und ihm zeigen den Weg der Wahrheit. Darum so liest man hier ein grosses Wunder und Zeichen, das ihm geschah. [2–3]

Ptholemaois Claudius war der bekannteste Geograf, Mathematiker und Astronom um 140 n. Chr. Er lebte in Alexandria. Diesem Text fügt Baechtold eine Anmerkung an: »Dass hier der Astronom und Philosoph Ptholomeus zu einem König gemacht wird, ist wohl Kiburgers eigene Erfindung. Das Übrige schreibt er wörtlich aus der Chronik des Martinus Polonus, Erzbischof von Gnesen († 1278), auf dem er sich auch im »Herkommen der Schwyzer« beruft, ab«.

Dieser Teil des Textes entspricht somit zu einem Teil der Wahrheit. Kiburger hat einen abgeschriebenen Text ein bisschen »ausgebessert«. Hier kommt seine Fantasie zum ersten Mal zum Vorschein.

Zu einer Zeit ging er jagen, und als er auf der jagt war, findet er einen schönen grossen Hirschen. Da er nun den selben Hirschen jagt, da nahm der Hirsch seine Flucht auf, auf einen hohen Felsen und Berg. Er dachte wie er den Hirschen möge »vachen«; (fangen) er konnte keinen Weg finden, dass er ihn könnte »vachen« (Vache = Leder, ans *Leder* gehen). *Also dachte er, wie er ihn mit einem strahl könnte schiessen* (mit einem Pfeil). *Und als er ihn schiessen wollte, da sah er zwischen den Hörnern des Hirschen ein Bild eines Kreuzes, das da schien sehr klar, wie die Sonne, und das Kruzifix hatte einen strahl in der Hand. Dann begann das Bild an zu reden und sprach: O Ptholomee, warum gedenkst du mich zu jagen? Ich hab mich mit diesem Hirschen dir gezeigt. Ich bin Christus, den du unwissentlich ehrest; deine Almosen und gute Taten der Barmherzigkeit sind aufgegangen für mein Angesicht und hat mich dir gezeigt an diesem Tier dem Hirschen, den du wolltest vachen und schiessen, dass ich dich will vachen mit dem Schuss und Pfeil des christlichen Glaubens dein Herz durchdringen! Von diesen Worten erschrak Ptholomeus und viel nieder auf die Erde auf seine Knie und sprach: O Herr, wer bist du, dass ich an dich glaube? Da antwortete Christus: ich bin der, der durch das menschlich Geschlecht auf die Erde kam, und mich als Mensch gezeigt habe, ich bin gekreuzigt worden, begraben und am dritten Tag auferstanden. Da sprach Ptholomeus: Herr, das glaube ich! Da antwortete Christus: wenn du das Glaubst, so geh zum Papst Alexander und lass dich taufen [3–4]*

Dass aus einem Busch gesprochen wird, kennen wir aus dem 2. Buch Moses. Im 3. Kapitel Vers 2-6 steht geschrieben: »Und der Engel des Herrn erschien ihm in einer feurigen Flamme aus dem Dornenbusch. Und er sah, dass der Busch im Feuer brannte und doch nicht verzehrt wurde. Da sprach er: Ich will hingehen und die wundersame Erscheinung besehen, warum der Busch nicht verbrennt. Als aber der Herr sah, dass er hinging, um zu sehen, rief Gott ihn aus dem Busch und sprach: Mose, Mose! Er antwortete: Hier bin ich. Gott sprach: Tritt nicht herzu, zieh deine Schuhe von deinen Füßen; denn der Ort darauf du stehst, ist heiliges Land.«

Gott sprach zu Moses aus einem Busch, ein Busch aber kann ähnlich aussehen wie ein Hirschgeweih. Ein Stoff aus dem Legenden entstehen können. So berichtet die Legende des Placidus, eines Heermeisters einer Legion in Kleinasien, unter Kaiser Trajan, von seiner Bekehrung. Als er wieder einmal bei der Jagd war, erschien ihm auf einer Felskuppe ein Hirsch, der zwischen seinem Geweih den gekreuzigten Christus in großem Strahlenglanze trug. »Warum verfolgst du mich«, fragte der Gekreuzigte aus dem Geweih, »ich bin Christus, der den Himmel und die Erde erschaffen hat, ich ließ das Licht aufgehen und teilte die Finsternis.« Nach einer zweiten Erscheinung ließ sich

Placidus taufen und erhielt den Namen Eustachius. Eustachius erlag mit seiner Familie ums Jahr 118 unter Kaiser Hadrian den Märtyrertod. Auf Bildern wird er als Krieger mit Rüstung, einem Hirsch mit dem Antlitz Christi im Geweih dargestellt.[8]

Die wohl bekannteste Legende, welche in Zusammenhang mit Hirsch und Kreuz gebracht wird, ist jene von Hubertus. Hubert von Maastricht-Tongern-Lüttich, geboren um 655 in Aquitanien, Frankreich, gestorben, am 30. Mai 727 in Tervueren, Belgien. Er heiratete sehr jung, verlor aber seine Frau schon bei der Geburt des ersten Kindes. Aus Trauer zog sich Hubert oft in die Wälder zurück und suchte das Vergessen in der Jagd. Dort soll er eines Tages einen Hirsch erblickt haben, der zwischen dem Geweih ein leuchtendes Kreuz trug. Erst aber im 15. Jahrhundert wird mit Person und Leben des heiligen Hubertus die Legende vom heiligen Hirsch verknüpft. Diese Legende gehörte ursprünglich zu den Erzählungen über St. Eustachjus, der Heide war und sich dann aufgrund dieser Erscheinung bekehrte. Auf bildlichen Darstellungen ist Hubert nur schwer zu identifizieren, da auch andere Heilige mit dem Attribut Hirsch-

---

[8] Angaben aus: heiligenlexikon.de/BiographienE/Eustachius.html&print=true 30.12.2009

Geweih-Kreuz dargestellt wurden, so Eustachius, Felix von Valois, Johannes Matha oder Meinolf.[9]

Die Hubertusverehrung und die damit verbundenen Kirchen und Kapellen gehen zurück auf das späte Mittelalter und die beginnende Neuzeit. Die meisten deutschen Patrozinien befinden sich auf der linken Rheinseite in der Eifel. So ist in der Kapelle in Birresdorf eine Hubertusjagd dargestellt. In Böllingen ist an der Kapelle ein Hirsch an der Außenwand und auf einem Glasfenster auf der rechten Seite angebracht. In der Hannebacher Kapelle, gegenüber dem Eingang, befindet sich ein Hirschgeweih mit Kreuz als Hinweis auf Hubertus, und der frühbarocke Altar trägt das Bild des Schutzheiligen, der den Hirsch umarmt. Auch in der Kapelle Hönningen war oberhalb des Eingangs ein frühes Ölbild von 1764, das die Hubertsjagd darstellt. Der barocke Altar umschließt ebenfalls ein Ölgemälde. Hier ist die Kreuzeserscheinung dargestellt.[10]

Das Gemeindewappen von Drassburg beinhaltet, nebst Kreuz und roten Rosen, auf dem rechten unteren Teil in Gold zwischen einem zehnendigen Hirschgeweih ein breitendiges, freischwebendes, blaues Kreuz. Das Hirschgeweih mit Kreuz ist, so

---

[9] Angaben aus: flosisdorf.de/kapelle/hubertus/hubertus.htm 29.12.2009

[10] Angaben aus: www.kreis-ahrweiler.de/kvar/VT/hjb1992/hjb1992.29.htm 29.12.2009

könnte man annehmen, beinahe allgegenwärtig. Elogius Kiburger übernahm die Hirsch-Geweih-Geschichte zu Teil wörtlich aus der Eustachius Legende.

Also ging er hin zum Papst um Mitternacht und bat, dass er ihn taufe. Der Papst empfing ihn mit grosser Freude und taufte ihn und verwandelte seinen Namen und nannte ihn Theodricum, und unterrichtete ihn und lehrte ihn in dem christlichen Glauben und sprach zu ihm: selig bist du, wenn du hast an dich genommen die Gnade Gottes in der Taufe, dass du den Teufel überwunden und hasst ihn unter dich gedrückt! Nun soll sich dein christlicher Glauben in dem erzeigen, dass du führest zu deinem Zeichen und Wappen einen goldenen Pfeil in einem roten Schild deines Herzen und zwei Hirschhörner auf deinem Helm deines Hauptes; mit diesem Wappen und Zeichen sollst du streiten und den Teufel überwinden und ihn ewiglich durchschiessen, wenn er dich versucht; weil du ihn hasst gelassen , wird er von dir und von deinem Geschlecht für alle Zeit weg sein. Und du musst dich gedulden, ehe du die Krone der Überwindung empfangen kannst; und von der Hoffart dieser Welt musst du dich demütigen, darum dass du in den geistlichen Richtungen erhört werdest! Und darum steht, wird die Gnade Gottes deine Seele behüten und bewahren! Und auf die-

ses Wort gab der Papst seinen heiligen Segen. Danach ging er nach Hause und betete unsren Herrn an, dass er ihm verleihe Ergebung und Geduld. Zu dieser Zeit war eine grosse Verfolgung der Christen Menschen im römischen Lande und besonders der schon erwähnte Kaiser Adrianus (Hadrian) verfolgte die Christen überall, er wurde durch die Schriften unterwiesen und auch durch die zwölf Boten, die überall lehrten und predigten, er soll Jerusalem befreien, was er auch tat. Und da er Jerusalem befreite, da besetzte er es mit Christen Menschen und danach wurde der Kaiser genannt Elya[11]. Und nach der Verfolgung der Christen, verlies der vor genannte Theodricus alle seine Güter, Häuser, Acker, und Matten und alles, das er hatte und schied von Daheim, und kam zu einem Herzog von Burgund in seinen Hof. Weil er wohl reden konnte, sittig und gütig, in all seinen Übungen und werken streng und schnell war, da behielt der Herzog ihn bei sich und wollte ihn nicht mehr gehen lassen. [5–6]

Theodricus, der sich zum Christentum bekehrte, verließ all seinen Besitz, auch seine Heimat, und kam zu einem Herzog von Burgund. Das wird mit

[11] Zu dieser Stelle findet sich in der Handschrift folgende Randglosse: »Dieses weiss die Historie nicht, denn Elia ist nach dem Kaiser und nicht der Kaiser nach ihm genamst worden«.

großer Wahrscheinlichkeit in den Jahren um 120 n. Chr. gewesen sein. Das Volk der Burgunden wird den Ostgermanen zugerechnet. Ihr Siedlungsgebiet um die Mitte des 2. Jahrhunderts lag östlich der Semnonen und nördlich der Lugier zwischen der Vistula (Weichsel) und den die westliche Grenze bildenden Fluss Suebus (Oder-Spree-Havel-Oberlauf). Ärchologisch gesehen sind die frühesten Siedlungsgebiete der Burgunden vermutlich in einer Kulturgruppe fassbar, die als Lebus-Lausitz-Gruppe oder Luboszyce-Kultur bezeichnet wird und die ihren Schwerpunkt an der mittleren Oder im heutigen Brandenburg und der Lausitz hatte.[12]

Nun treten doch Fragen auf, welche historisch fast nicht nachvollziehbar sind. Die Möglichkeit ist als sehr gering einzustufen, dass sich Theodricus bei einem Herzog einer sich neu gründenden Kulturgruppe anschloss. Ich gehe davon aus, dass bei diesem Teil der Chronik Kiburgers Fantasie eine übergeordnete Rolle spielte.

Nun liest man von einem grossen Wunder des vorgenannte Theodricum, das ihm begegnete an des Herzogen Hof. Es begab sich zu einer Zeit, als Theodricus eines morgens auf stund von seinem Bett und alleine sein Hemd und seine Nachtschuhe

---

[12] Angaben aus: www.rollenspiel-germanien.de/wiki/index.php/Burgunden 31.12 2009

anzog. Der Herzog hatte einen Löwen, der ihm zornig begegnete, als wolle er ihn beissen. Da hob der viel genannte Theodricus von Strättligen seine Faust und Hand und droht dem Löwen und schreit ihn an. Sofort lies der Löwe von all seinem Zorn, der grimmig gegen ihn war und legte such nieder zu seinen Füssen und zeigte sich freundlich und bewegte den Schwanz. Der Hüter des Löwen und alle die aus dem Hofe waren, sahen das als ein Wunder an. Alle die auf dem Hof waren den viel genannten von Stretlingen zugeneigt für seine grosse Mannheit und auch des christlichen Glaubens, die er an sich hat genommen [6–7].

Ohne die geringste Vorankündigung taucht ein neues Wort auf. Ein Name: »Stretlingen.« *»Der viel genannte Theodricus von Strättligen.«* Woher nimmt Kiburger nun plötzlich diesen Namen? War es die Absicht Kiburgers, ein lateinisches Buch, das ihm vorlag, für die Region, in der er lebte, umzuschreiben? Um vielleicht den Bubenbergs ein Freude zu bereiten? Um einer Kirche in einer schwach besiedelten Gegend zu neuem Aufschwung zu verhelfen (Bücher waren noch keine Massenware, der Erfinder der Buchdruckerkunst, Johannes Gutenberg, vollendete die berühmte Bibel im Jahr 1455)?

Strättligen, diesem Wort, diesem Namen, wollen wir nun, um der Wahrheitssuche näher zu kommen, einige Zeilen widmen. Im Frühmittelalter, ab etwa 460, der sogenannten Völkerwanderungszeit, nachdem die römischen Truppen abgezogen waren, begannen die ostgermanischen Burgunden und die westgermanischen Allemannen, sich in der »Schweiz« niederzulassen. Schon sehr bald siedelten sie sich im Aareraum an, bis in die Gegend von Thun. Die Höfe und Dörfer erhielten die jeweiligen Sippennamen unter der Beifügung des Suffixes«ingen/-igen«. Noch heute heißen die Dörfer in unserer Gegend Hilterfingen, Uttigen, Seftigen, Reutigen, Scherzligen, Einigen und Strättligen. So besteht die Möglichkeit, dass unsere Ortsnamen aus der Zeit um 460 stammen. Bei Kiburger wird aber das Wort Strättligen als Ortsbezeichnung, als Name eines Herrn »von Strättligen« erwähnt. Da hat Kiburger wohl etwas durcheinandergebracht und sich in den Jahrhunderten mächtig geirrt.

Ein anderes grosses Wunder und Zeichen vom obgenannten Theodricus, wie er dem Herzogen von Burgund, schlafend einen Streit gewann.

Mann liest also, dass zu der selben Zeit ein König von Frankreich und ein Herzog von Burgund »gross unmasslich sorgsamlich« krieg wieder einander hatten und Leiden und Kummer einander antaten [7].

Es besteht die Möglichkeit, dass es sich bei diesen kriegerischen Auseinandersetzungen um das Eindringen der Burgunden, gemeinsam mit Alemannen, Herulern und Chaibonen in Gallien handelt. Sie wurden aber 277 von Probus[13] zurückgetrieben und zum Frieden gezwungen. Wenn auch hier die Jahrhunderte nicht passen, könnte es doch sein, dass Kiburger, mit »zu den selben Zeiten«, diesen Krieg in Betracht zog.

Es fügte sich, dass sie mit grossen Zügen (Truppen) und Volk gegen einander zogen und streiten wollten, und ordneten beide gegeneinander die Spitze der Leute aber es war entweder ein Berg oder ein Tal zwischen ihnen. Da war der König von Frankreich zu rat und schickte seine Botschaft zu seinem Widersacher, zum Herzogen von Burgund, dass er einen guten Krieger wohl gewappnet zu ihnen komme; dass selbe werde er auch tun, und das die Zwei miteinander kämpfen und fechten. Der Verlierer soll des anderen ohne Schaden dem Herrn mit aller Macht untertänig sein. Das gefiel beiden Fürsten und Herren wohl

---

[13] Probus, Marcus Aurelius war ein römischer Kaiser *232 in Sirmium,† 282 in Sirmium. Er sicherte die Reichsgrenze gegen die Germanen, indem er diese in die römischen Grenzheere einreihte und ihnen erlaubte, sich im Grenzgebiete anzusiedeln.

und so trat einer von dem Volk des Königs von Frankreich hervor, ein grosser, wohlmögender, starker Mann, sehr kräftig mit dem Namen Dodo, der mit Helm und Panzer und anderem fechtbarem Gerät gut ausgerüstet und kehrte sich gegen das Volk des Herzogen der Burgunder und ruft: warum oder durch welche Sache willen seid ihr hierher gekommen zu diesem Streite? Gebet mir einen Mann hierfür, der mit mir alleine Vechte! Überwindet er mich dann, so werden wir eure Knechte und Diener sein und werden euch untertänig sein; ist es aber so, dass ich ihn überwinde ersteche oder töte, so werdet ihr unsere Knechte und sollet uns dienen und undertänig sein! Und solche und andere Worte redet er stark zu ihnen.

Als der Herzog von Burgund diese Worte hörte, da lies er in all seinem Volk und Heer aufrufen und sagen, ob jemand da wäre, der diesem Mann möchte unterstehen und mit ihm fechten; welcher das täte und sein Widersacher überwinde, den werde er reich machen, ihm ein grosses Gut geben und ihm seine Tochter geben. Als dies der Theodricus von Strättligen hörte. da erleuchtete in ihm die gnade Gottes in seinem Gemüt und sprach zu dem Herzogen: Ihr solltet nicht erschrecken von seinen grossen Worten! Ich bin euer Knecht und will mich ihnen unterwerfen, mit ihm zu fechten, zu kämpfen und zu streiten! Da sprach der Herzog zu ihm: Geh hin und der Herr sei mit dir! Also ging er hin bewaffnete sich band sein Schwert um und legte sich den Helm auf sein Haupt. Er segnete sich, mit dem Zeichen des heiligen Kreuzes und befahl sich dem Allmächtigen Gott und ging danach an den Ort, an dem er fechten wollte und wartete auf seinen Widersacher und Feind. Und als er da wartete, da verfiel er in einen tiefen Schlaf, dass er einschlief und in seinem Schlaf dünkte ihn, wie er fechte und kämpfe mit seinem Feind und in demselben Traum kämpfte er mit sich selbst, dass der Schweiss von seinem Leib ging und Schaum und Speichel aus seinem Munde floss, als ob er wütig und zornig wäre. Nun kommt auch Dodo, der Kämpfer und Fechter des Königs von Frankreich und sieht in breit da stehen aber schlafend. Da stieg eine Furcht in ihm auf, er wusste nicht welche Waffe er gegen einen schlafenden Gegner erheben sollte und sprach vor allen die anwesend waren: Ich kann nicht gegen einen schlafenden Mann fechten, was möchte er tun gegen einen wie mir, der wach ist? So bin ich leider von ihm überwunden. Dass ich gegen diesen Mann soll fechten, das kann ich nicht. Ich habe vor mir gesehen und vor euch allen, - und sehe noch zu seiner rechten Hand – einen starken Ritter mit dem Namen St. Michael, den Erzengel mit einem blossen Schwert, ausgezogen aus der Scheide; der hat zu mir gesprochen: er sei Sache, dass du ablassest und nicht fechtest, sonst müssest du und alle die deinen nieder gelegt werden und umkommen! Da dies der König von Frankreich hörte, da bekannte er, dass er überwunden war und ihn ein Herzog von Burgund überwunden hat. Der Herzog von Burgund dankte und lobte den grossen allmächtigen Gott und den heiligen St. Michael [7-9].

An dieser Stelle wird der Name des Erzengel Michael in der Strättligen Chronik zum ersten Mal erwähnt. Sankt Michael wird uns immer wieder »begegnen«, was Grund genug ist, die nächsten Zeilen Michael zu widmen. Erzengel Michael gilt als der Mächtigste, dessen Namen »wer ist wie Gott« bedeutet, (abgeleitet aus dem hebräischen: »Mikha-el«). Michael ist der Erzengel, Erz bedeutet der Höchste. In der Bibel finden wir keinen Hinweis, dass es mehrere Erzengel gibt, nur Michael wird Erzengel genannt. Er richtet keine Botschaften an die Menschen, er ist ein Kämpfer, der seine Macht im Auftrag Gottes zur Tat schreiten lässt. In der Bibel[14] lesen wir im Zusammenhang mit Erzengel Michael folgende Texte: Der Prophet Daniel, Kapitel 10, Vers 13, *»Aber der Engelfürst des Königreiches Persien hat mir einundzwanzig Tage widerstanden; und siehe, Michael,*

[14] Die Bibel, oder die ganze Heilige Schrift des alten und des neuen Testaments nach der Übersetzung Martin Luthers, Württenbergische Bibelanstalt Stuttgart.

einer der ersten unter den Engelsfürsten, kam mir zu Hilfe, und ihm überliess ich den Kampf mit dem Engelsfürsten des Königreichs Persien«. Michael der mächtige Kämpfer. Weiter in Daniel, Kap. 10, 21 *»Doch zuvor will ich dir kundtun, was geschrieben ist im Buch der Wahrheit. – Und es ist keiner, der mir hilft gegen jene, ausser eurem Engelfürsten Michael«.* Auch in Kapitel 12, Vers 1, wird Michael der grosse Engelfürst genannt: *»Zu jener Zeit wird Michael, der grosse Engelfürst, der für dein Volk eintritt, sich aufmachen.* Im Neuen Testament, im Judasbrief, Kap. 1.9 finden wir folgenden Text: *»Michael aber, der Erzengel, als er mit dem Teufel stritt und mit ihm rechtete über den Leichnam des Mose, hat nicht gewagt, gegen ihn ein lästerndes Urteil zu fällen, sondern sprach: Der Herr strafe dich.* Und in der Offenbarung des Johannes 12.7,: *Und es erhob sich ein Streit im Himmel: Michael und seine Engel stritten wieder einen Drachen. Und der Drache stritt und seine Engel und siegten nicht, auch ward ihre Stätte nicht mehr gefunden im Himmel«.* Michael, der Streiter, der Kämpfer, der Engelsfürst, steht für das Volk Gottes ein, kämpft an der Spitze des Engelheeres gegen den Teufel und verbannt den Teufel und die Dämonen aus dem Himmel.

Danach sprach er zu Theodrico von Strättligen: Wünsche von mir was du willst, es soll dir gege-

ben werden und wenn du von mir begehrest mein halbes Herzogtum, es soll so werden! Darauf antwortet ihm Herr Dietrich (Theodrico) von Strättligen, er wolle von ihm nichts verlangen, lediglich möchte sich ganz und gar bei ihm niederlassen und ihm ganz vertrauen. Der Herzog empfing diese Worte in grosser Dankbarkeit, und so gab der Herzog von Burgund dem Herrn Dietrich von Strättligen seine Tochter zu seinem ehelichen Weibe, sie wurde Diemut genannt, und ein vorzügliches Land mit dem Namen das kleine Burgund und den Wendelsee mit vielen Burgen da herum, die von den Heiden gebaut wurden; und besonders den Burgundberg, wo zuvor der König Wandalorum sass, das Volk und das Land und das Erdreich um Strättligen der vorzüglichen Gegend wo auch gute und gesunde Luft war, so wie sie selten zu finden ist. Und darum hat sie geheissen zu der goldenen Luft, das Land und Erdreich war sehr fruchtbar, es hatte Bäume und gutes Wasser im Überfluss. Es war auch um den Burgunderberg, den man in unseren Zeiten nennt »in Bürgen« von diesem geschrieben ist, wegen seiner Fülle und dem Überfluss und der Fruchtbarkeit wegen, wurde es genommen zum »guldinen Hof« (goldenen Hof); das man aber nun in die Gewohnheit brachte und man nannte es nun Spiez, auch von mancherlei Fruchtbarkeit, es sei Korn, Wein, Fleisch und alles das wovon der Mensch lebt, das man von allem genug habe. Es ist auch genannt um Strättligen und zu Einingen (Einigen) in dem Paradies, welches aus Zweckmässigkeit zum Hauptort wurde, auch wegen der Fruchtbarkeit des Landes, der lustigen Brunnen und Wasser, welches da ist, auch um der heiligen Engel wegen und das der Allmächtige Gott da viel Wunderwerk durch den Heiligen Erzengel St. Michael gewirkt hatte. Und von mancherlei Fruchtbarkeit und Heiligkeit, da geschehen ist vor langer Zeit, das man das danach in diesem Buch finden möge, so gleicht es dem irdischen Paradiese und ist auch darum so genannt [10]

Darum ist zu wissen das der bereits erwähnte Herzog von Burgund dem vor genannten Herrn Dietrich von Strättligen, dieses Land gab, das man nannte »das Minder Burgund« (das Kleinere Burgund), als »obstat« (Hauptort), mit Burgen und Anwesen, welches zu dieser Zeit rundherum frei gewesen war, seine ledige Tochter Demut und dazu gab er ihnen einen grossen Schatz von Gold, Silber und edlem Gestein und anderer Kostbarkeiten, du schickte sie an diesen Ort mit grossen Ehren, und befahl ihm, dass er durch den christlichen Glauben solle streiten kämpfen und es behalten, so sehr er möchte, was er auch tat. Er befahl ihm auch, dass er an diesem End des kleinen Burgund, für sich und seiner Frau eine Wohnung aus-

suchen und erwählen soll, einen Ort wo er leben, den christlichen Glauben erhalten und wo er sterben möchte. Darum wählte er selber ein Ort aus der ihm zusagte, ein lustiger fröhlicher Ort mit guter Luft. Darum nannte er diese Obstatt zu der goldenen Luft und das Schloss das er hier baute Strättligen. Dies von dem Pfeil wegen, auch von dem Kampf und fechten wegen das vormals durch ihn geschehen war. Und wenn er dennoch keinen Erben hat, so empfahl er sich Gott dem Allmächtigen und dem würdigen Erzengel Sankt Michael, den er besonders ehrt, dass er ihm einen Erben gebe. Und der Almmächtige Gott erhörte ihn und seine Bitte und seine Frau wurde schwanger und gebar ihm einen Sohn, den er Albrecht nannte. Dieser wurde unterwiesen in Sitten und Tugenden und in alldem, wie es in seinem Stand zugehörte. Dass er ein frommer, redlicher und aufrechter Mann wurde. In den Zeiten danach sollen der viel genannte Herr Dietrich von Strättligen und sein Sohn Albrecht ihr Geschlecht mehren und viele Söhne und Töchter erhalten. Der allmächtige Gott sei ihnen allen gnädig [11-12].

Nach dieser kurzen Einführung in die Strättliger Chronik, mit Original-Texten, wollen wir uns nun einem sehr aufschlussreichen Text zuwenden. Mit dem Titel: »Kirchlein zu Einigen, Mutterkirche des Berner Oberlandes« aus dem Berner-

Volksbuch »Die Schwalbe« aus dem Jahr, 1853. Danach werden wir uns dem Brunnen zuwenden. Dem Brunnen, dem viele Wunder zugeschrieben werden. Viele Brunnen, in der Schweiz und Europa werden oft nur mit einem Wunder erwähnt. Der Brunnen von Einigen wird in der Strättliger Chronik 39 Mal erwähnt. Jede Nennung des Brunnens werde ich weitergeben und erläutern.

2.4 Die Schwalbe, ein Berner-Volksbuch

Die Mutterkirche des Oberlandes wird das Kirchlein zu Einigen am Thunersee in der »Schwalbe« genannt. Ein weiterer Terminus ist, »die älteste Kirche der Schweiz«, ja sogar als die älteste Kirche Europas wird sie geheißen. Woher kommen solche Aussagen? Mündliche Überlieferungen wurden zu ersten schriftlichen Aufzeichnungen, welche wieder und wieder abgeschrieben wurden. Neben Elogius Kiburger waren auch ein Hans Rudolf Räbmann, Jakob Bart, Abram Mühlematter, Christen Uesch und Friedrich Lutz. Dazu kommt einer, der den gesamten Text zum Kirchlein Einigen aus der Schwalbe von Hand in sehr schöner Schrift abgeschrieben hat, mit dem Schlusswort: »Derjenige, welcher diese Chronik geschrieben hat: nennt sich Karl Hirschi, geboren den ersten Januar 1888 in Einigen.« Hans Hirschi nennt sich als Verfasser eines Textes, den er Wort für Wort aus einem Buch abgeschrieben hat. Das Abschreiben von Texten war bis zur Erfindung des Buchdruckes die einzige Möglichkeit der Vervielfältigung und wurde fast ausschliesslich von Mönchen in den Schreibstuben in den Klöstern gemacht. Obschon bei den mündlichen Überlieferungen etliches dazu- oder hinweggenommen werden konnte, ist doch immer eine sehr hohe Wahrheitsvermutung möglich. Hinter all den gesprochenen und geschriebenen Worten ist viel mehr Wahrheit als bisher angenommen. Auch wenn die Texte des Elogius Kiburger in herabwürdigender Weise beurteilt wurden, gehe ich davon aus, dass ein sehr großer Teil der Strättliger- und Einiger Chronik mit viel Wahrheit behaftet sind. Ob nun in Einigen am Thunersee wirklich die erste Kirche in Europa erbaut wurde, wird zur Nebensache, wenn wir den Erzählern und Textverfassern Glauben schenken. Ich freue mich und bin schon ein bisschen stolz, in einem Dorf zu leben, von dem man sagt, hier wurde die erste Kirche Europas gebaut.

Nachdem ich schon einige Abschnitte aus der Strättliger Chronik abgeschrieben habe, erlaube ich mir, einige für diese Arbeit von Bedeutung stehende Texte aus der »Schwalbe« weiter zu geben. Einige Passagen werden dem Leser bekannt vorkommen. Der Text aus der »Schwalbe« wird in

»Kursivschrift« geschrieben, dazwischen werde ich Erläuterungen einschieben.

Das Kirchlein zu Einigen am Thunersee oder die Mutterkirche des Oberlandes.

Über kein Gotteshaus, weder der näheren Umgegend noch des gesamten Schweizerlandes, sind uns so uralte, mit Wundern durchwirkte Volkssagen und Legenden erhalten worden, wie über das am linken Seeufer gelegene Einigen-Kirchlein; Dank sei es den Bemühungen Hans Rudolf Räbmanns, »Dieners der Kirche zu Thun, der die alte Einigen-Chronik summarischer Wys ausgezogen hatte am 2ten September 1596; ferner Dank für eine ähnliche durch Jakob Bart, Diener der Kirche zu Einigen, hernach zu Amsoldingen im Jahr1656, gemachte Kopie; item für eine durch Abram Mühlematter von Einigen im Jahr1691 Jahr und endlich für diejenige, deren An- und Zufertiger sich nennt: Christen Uesch, diesmals geringer Schulmeister der oberen Bursami als meinem Geburtsort, nachgeschrieben im Augustmonat des 1721. Jahres, im 64. Meines Alters uff Schwarzenegg. Insbesonders zu Gunsten und beliebigen Gefallen des Ehrwürdigen, Hoch- und Wohlgelehrten, Wysen Herrn Friedrich Lutz, treueifrigen Dieners Jesu und Herrn Pfarrers der Kirche des Paradieses, jetzt zu Einigen, uff des Herrn mir angetragenen Begehren bestvermögens allherein übertragen den 8ten Augustmonat gefangen an und den 12ten also ausgeschrieben han. – Gott allein die Ehr!

Würde der den eben erwähnten Geschichtsfreunden zu verdankende schriftliche Auszug einer nüchtern prüfenden, modernen Kritik unterstellt, so wäre freilich zu besorgen, dass auch diese Chronik allzu leicht erfunden und ihr ein niedriger Rang als den äsopischen Fabeln angewiesen sein würde; denn dessen, was man heutzutage »phantastisch« nennt, kommt viel darin vor, geschweige erst der Legenden-Wunder; aber der abgeflachten Alltäglichkeit weit gegenüber hat die Kühnheit uralter Volksagen dennoch etwas unterhaltend und aufmunternd Angenehmes, den Göttergeschichten der Mythologie Ähnliches, Die aus den Zeiten stammen, als der Dichtkunst zauberische Hülle sich noch lieblich um die Wahrheit wand.

»Als der Dichtkunst zauberische Hülle sich noch lieblich um die Wahrheit wand.« Was für eine großartige Aussage! Das Hauptwort dieser Aussage ist »Wahrheit«. Wahrheit, woher sie auch immer herkam, war der Grundstein. Wahrheit, die von Mund zu Mund weitererzählt und später niedergeschrieben wurde. Dazu kam der Dichtkunst zauberische Hülle, die wir in der heutigen Zeit

»Roman« nennen. Wie viel Dichtkunst in der Strättliger- und Einiger-Chronik eingebettet ist, ist nicht zu erkennen. Jedoch ist mit sehr großer Wahrscheinlichkeit mehr Wahrheit darin verborgen, als bisher angenommen.

Die früheste, in der Einigen-Chronik vorkommende Jahreszahl ist 118 nach Christi Geburt, in welcher Zeit ein Mathematiker und Astronom Ptolomäus auftrat und auf der Jagd zum christlichen Glauben bekehrt ward, nachdem er einen schönen Hirschen verfolgt hatte, der auf seinem Haupte ein glänzend Kreuz zwischen den Hörnern getragen. Als der rasche Waidmann zur Erkenntnis gekommen sei, habe er eingesehen, dass er dem Herrn Christum selbst verfolgt habe. Von diesem sonderbaren Gejägt datiert sich der Pfeil, den die Herren von Strättligen bis zu Erlöschen ihres ehemals erlauchten Stammes im Wappen geführt hatten.

Die Geschichte vom Hirsch mit dem Kreuz wurde im Kapitel »Die Strättliger-Chronik« schon ausführlich besprochen, wie auch die folgende, »Sieg im Schlafe«.

Gleich auf dem folgenden Blatte der Chronik folgt, die hübsche Erzählung vom »Sieg im Schlafe«, die Justinger unbedenklich in die Stadtchro-

nik von Bern aufgenommen hat, die er vor vier Jahrhunderten geschrieben. Ein Ritter von Strättligen sollte mit einem anderen Haudegen, im Angesichte zweier sich einander gegenüberstehenden Heere einen Kampf auf Tod und Leben ausfechten und war der erste auf dem Kampfplatze; während nun der Gegner zögerte, setzte sich der Strättliger nieder und schlief ein; wie endlich der Andere daher kam und den Schlafenden erblickte, gab es sich ohne Schwertstreich für überwunden und sprach: Fürchtet er mich so wenig, dass er schlafet, das ist ein Zeichen, dass ich mit ihm nicht kämpfe; also gewann der von Strättligen den Kampf mit Schlafen.

Diese Erzählung vom Ritter im Schlaf wird auch im Buche »Die Berner-Chronik« des Conrad Justinger erwähnt. Herausgegeben im Auftrag und mit Unterstützung der allgemeinen geschichtsforschenden Gesellschaft der Schweiz von Dr. G. Studer, Prof. Theol. ord., Druck und Verlag von K.J. Wyss, Bern 1871. Auch in »Diebold Schillings Spiezer Bilder –Chronik, 1485, Seite 78, ist der >Sieg im Schlaf< erwähnt. Die Darstellung dieser Sage zeigt im Vordergrund rechts den im Kampfring schlafenden Ritter von Strättligen, links den erschrocken herantretenden Franzosen, während in den beiden Heeren die Trompeter schon zum Kampf blasen. Der Text zu dieser bildlichen Darstellung lautet folgendermassen: *»Einen langwieriger Krieg zwischen England und Frankreich sollte ein Zweikampf entscheiden. Der französische König nannte als Kämpfer einen so starken Ritter, dass von den Engländern sich niemand traute, gegen ihn in den Ring zu treten. Schliesslich wagte es ein Landfremder, ein Ritter von Strättligen: Während des Wartens auf dem Kampfplatz schlief er jedoch ein. Diese Sorglosigkeit flösste dem französischen Ritter solche Furcht ein, dass er nicht zum Kampf antreten wollte und sich geschlagen gab.*[15]

Die Gegend um Strättligen hiess damals, ihrer Fruchtbarkeit wegen, »zur goldenen Luft« und das Wasser daran der Wendelsee; die Burg Spiez wurde »zum goldenen Hof« genannt; das Ufer dem See entlang, wo Einigen liegt, nannte man gar »im Paradies«. Sämtliche Lokalbenennungen deuten auf ein längst entschwundenes, goldenes Zeitalter hin. Als im Jahr 220 einem Herrn von Strättligen ein Sohn geboren wurde, baute er ex voto *(zur Dankbarkeit) Gott dem Herrn und dem Engel Michael zu Ehren in der Burg eine Schlosskapelle; damals war in dieser Gegend und Land auf Land ab weder Kirche noch anderes Gottes-*

[15] Die Schweiz im Mittelalter in Diebold Schillings Spiezer Bilderchronik, Faksimile Verlag Luzern, Edition Bel-Libro, 1991

haus; dem Caplan zur Verrichtung des Gottesdienstes an seinem Hausaltar gab er Speise und Trank, wie es sich gebührte, an seinem eigenen Tische, auch billigerweise, als dem Hauspriester, die Kleidung; ausserdem wies er ihn als Einkommen viele Zehnten an, wodurch der erste Kirchensatz in frommer Absicht zu fortwährender Erhaltung eines Geistlichen förmlich gestiftet ward.

Des Burgherrn Sohn ward durch den ersten Priester der Burg von bösen Geistern befreit, die ihn geplagt hätten. Als er nach seiner Genesung zum ersten mal wieder ausritt und gegen die Kander zukam, soll er einen gar elenden Aussätzigen dabei angetroffen haben, der ihn gebeten, er möchte ihn doch über das wilde Wasser bringen; nun habe der Jüngling den Kranken hinter sich auf's Pferd gesetzt, durch die Kander geführt, und als er abgestiegen, ihn geküsst; dieser habe ihm darauf bekannt, er wäre Christus, und sei verschwunden.

Diese und die folgenden Erzählungen sind auch ausführlich in der Strättliger-Chronik des Elogius Kiburger zu finden.

Der leutselige Sigfried von Strättligen hinterliess einen Sohn, des Namens Caspar. Der war ein ganz anderer Herr und zwar ein gestrenger, scharfer und unerbittlicher, insonders gegen die

Schelmen, dieselben konnte er am wenigsten leiden, hatte einer eines Pfennings Werth gestohlen, so musste er ohne Gnad' und Barmherzigkeit baumeln. Herr Caspar hängte oft Stricke an seinen ritterlichen Gürtel, um sie en passant zu brauchen, wenn er einen Dieb auf dem weg antreffen würde. Als er an einem schönen Morgen abermals mit Stricken am Gürtel zum Schloss ausging, soll ihm sein Hauspatron, der Engel Sankt Michael, anbefohlen haben, den ersten Mann, der ihm begegne, aufzuknüpfen; nun sei ein Spendvogt dahergekommen, den er angäntz gehenkt habe; der arme Sünder bekannte seine grosse Untreue und wie er Wittwen und Waisen bestohlen hätte. Lumpen und Müssiggänger konnte Herr Caspar nicht leiden, er geriet in Zorn, wenn er einen von weitem ansah; arme fleissige Hausmannlein unterstützte er reichlich. – Nach ihm besass Schloss und Herrschaft sein Sohn, Herr Wernhart von Strättligen, der den Armen viel Gutes tat, sowie seine Hausfrau Susanna.

Zu diesem sei, einmal im Winter, als Stein und Bein gefroren war, der Teufel in Pilgergestalt gekommen; mit demselben hatte der Herr, da dem Ankömmling vor Kälte die Zähne klapperten und er schlotterte, so grosses Mitleid, dass er ihm seinen Mantel schickte, die Blösse zu bedecken. Der undankbare Gast machte sich mit dem Mantel davon. Hierauf machte der Ritter eine Wallfahrts-

reise, auf der er in der Lombardei in Gefangenschaft gesetzt wurde. Vier Jahre lang musste er unschuldiger Weise im Kerker zubringen; daheim zu Strättligen hielt ihn alles für tot und seine Frau Susanna verlobte sich mit einem Anderen. In derselben Nacht nun, als das Hochzeitsfest gefeiert werden sollte, sei der Teufel zu ihm in die Gefangenschaft gekommen und habe ihm gesagt, der Engel Michael habe ihm befohlen, ihm den gestohlenen Mantel wieder zu bringen; auf demselben sie nun Herr Wernhard durch die Luft nach Strättligen gefahren und unter den Hochzeitsleuten wie ein fremder Spielmann erschienen; da habe er der Frau Susanna den halben Ehering vorgehalten und damit zum höchsten Erstaunen der Anwesenden, absonderlich des Brautwerbers, Weib, Schloss und Herrschaft wiederlangt.

Diese Erzählung wird auch in der Strättliger-Chronik in ähnliche Weise beschrieben. Jedoch könnte der Ursprung dieser Geschichte von Cesarius von Heisterbach stammen. Der Mönch Cesarius von Heisterbach erzählt dem Novizen Geschichte und beantwortet ihm viele Fragen. Im Buch »Dialog über die Wunder« (Dialogus Miraculorum), Band IV, finden wir im Kapitel 59 ab Seite 1643 die »Mutter«, dieser und vieler anderer Geschichten. Das Buch »Dialogus miraculorum gehörte zu den meistgelesenen Werken des Mittelalters, wie die stattliche Anzahl von über 100 Handschriften mit Voll- und Teilausgaben eindrucksvoll zeigt. Der erste Druck stammt aus dem Jahr 1475 in Köln durch U. Zell, 1481 folgte J. Koelhoff, ebenfalls Köln. So besteht durchaus die Möglichkeit, dass Elogius Kiburger und der Verfasser der Einigen-Chronik die Werke von Cesarius von Heisterbach kannten und einige Texte daraus für die Strättligen Burg und die Region am Thunersee umschrieben. Diese Erzählung des Mönches an den Novizen werde ich nun in ungekürzter Weise weitergeben:

Kapitel 59

Im Dorf Holbach wohnte einst ein Ritter namens Gerhard. Seine Enkel leben noch heute, und es gibt kaum jemand in diesem Dorf, dem das Wunder, das ich jetzt über ihn erzählen will, unbekannt sein dürfte. Er hat den heiligen Apostel Thomas so glühend geliebt, und ehrte ihn mehr als alle anderen Heiligen, dass er sich keinem Armen verweigerte, der in seinem Namen um ein Almosen bat. Ausserdem pflegte er ihm viele besondere Dienste zu leisten wie Gebete, Fasten und Messfeiern.

Eines Tages klopfte mit Gottes Zulassung der Teufel, der Feind aller Menschen, an die Tür des Ritters. Er erschien in der Gestalt und Kleidung eines Pilgers und bat im Namen des heiligen

Thomas um Herberge. Der Ritter liess ihn eiligst ein, da es kalt war, und der Teufel tat, als ob er friere. Gerhard überliess ihm seinen gut gefütterten Pelzmantel, um sich im Bett zuzudecken. Am Morgen aber war der vermeintliche Pilger verschwunden. Da sagte die Frau voll Zorn zu ihrem Mann: »Ihr seid schon so oft von diesen Landstreichern betrogen worden und lasst immer noch nicht von Eurem Aberglauben ab.« Er antwortete ihr ruhig: »Sei unbesorgt, der heilige Thomas wird uns diesen Schaden ersetzen.«

Der Teufel hatte dies getan, um den Ritter wegen des Verlustes des Mantels zur Ungeduld zu reizen und in seinem Herzen die Liebe zum Apostel zu ersticken. Doch dem Ritter gereichte zur Ehre, was der Teufel zu seinem Schaden geplant hatte; und was den Ritter in der Liebe zum Apostel bestärkte, schlug dem Teufel zu Schande und Strafe aus.

Nach einiger Zeit beschloss Gerhard, das Grab des heiligen Thomas zu besuchen. Als er sich zur Reise gerüstet hatte, brach er seinen goldenen Ehering vor den Augen der Gattin in zwei Teile, fügte die Teile vor ihr wieder zusammen, gab ihr dann den Teil und behielt den anderen für sich. Dabei sagte er: »Diesem Zeichen musst Du vertrauen. Ich bitte Dich, fünf Jahre auf meine Rückkehr zu warten; wenn diese vorüber sind, magst

Du heiraten, wen Du willst.« Die Frau versprach es.

Dann machte er sich auf die Reise, die überaus lange dauerte. Endlich erreichte er nach grossen Kosten und Mühen die Stadt des heiligen Apostel Thomas. Er wurde von den Bürgern auf das feierlichste begrüsst und mit so grosser Liebe aufgenommen, als wenn er einer der ihrigen und ihnen höchst bekannt wäre. Im Glauben, dass er diese Gnade dem Apostel verdankte, betrat er dessen Kirche und empfahl ihm sich selbst, seine Frau und alles, was ihm gehörte. Da fiel ihm ein, dass seine Frist ablief und dass am selben Tage die fünf Jahre zu Ende gingen. Da seufzte er und sprach: » o weh, jetzt wird meine Frau einen anderen heiraten.« Doch Gott hatte seiner Reise diese Hindernisse in den Weg gelegt, um des Folgenden willen: Während er traurig um sich schaute, sah er den Dämon von damals, wie er in seinem Mantel herumspazierte. Der Dämon fragte ihn: »Erkennst du mich wieder, Gerhard?« Er sagte: »Nein, aber den Mantel.« Darauf der Dämon: »Ich bin es, der im Namen des Apostels bei Dir um Gastfreundschaft bat; ich hab den Mantel gestohlen und bin schwer (von Gott) bestraft worden.« Und er fügte hinzu: »Ich bin der Teufel! Es wurde mir befohlen, Dich in Dein Haus zurückzubringen, bevor die Leute schlafen gehen, denn

Deine Frau hat einen anderen geheiratet und sitzt bereits mit ihm beim Hochzeitmal.«

Dann hob er ihn hoch, brachte ihn noch vor Sonnenaufgang von Indien nach Deutschland, vom Aufgang der Sonne bis zu ihrem Niedergang, und setzte ihn, als die Abenddämmerung einsetzte, unversehrt auf seinem Hof ab. Er betrat sein Haus wie ein Fremder, sah seine Frau neben ihrem Bräutigam beim Festmahl sitzen, trat näher, legte den Teil des Ringes vor ihren Augen in den Becher und ging davon. Die Frau sah das Ringstück, zog es heraus und fügte es an das Stück, das ihr verblieben war. Da erkannte sie, dass es der Ring ihres Gatten war. Sie lief ihm sofort nach, umarmte ihn und rief, es sei ihr Mann Gerhard. Dann sagte sie ihrem anderen Bräutigam Lebewohl. Gerhard aber behielt ihn noch als Ehrengast in jener Nacht bei sich.[16]

Wie gross der Wahrheitsgehalt dieser Erzählung nun wirklich ist, sei dahingestellt, es soll jedoch aufzeigen, dass solche Geschichten beliebig umgeschrieben und an einen jeweiligen Ort hingestellt werden konnten.

Die folgenden Erzählungen aus der »Schwalbe« sind wieder auf die Region Strättligen und Einigen zugeschnitten.

---

[16] Caesarius von Heisterbach, Dialog über die Wunder, Brepols 2009 Seite 1643-1647

Nach ihm gedachte Herr Arnold von Strättligen zuerst daran, ausserhalb der Burg ein Gotteshaus zu bauen, das eine Leutkirche sein sollte, und konnte keine schicklichere Stelle dazu finden, als unten am Seeufer. An dem Platz, der zuerst dafür bezeichnet war, wollte es nicht gelingen; über Nacht ward wieder umgeworfen, was Tags vorher aufgebaut worden. Da habe St. Michael den Bauleuten nahe dabei eine andere Stelle gezeigt, wo eine Brunnenquelle aufwallte; bei derselben sei sogleich eine Stimme gehört worden, die bezeugt habe, hier sei ein Schatz so gross, dass ihn Niemand bezahlen könne. Gesundheit für alle Krankheiten des Leibes und der Seele, für Reiche und Arme. Diese Hofstatt habe Arnold folglich einer Frau, Namens Margreth Fischer, um 40 Pfund abgekauft, und diese habe darnach die ganze Summe an den neuen Kirchenbau vergabet. Drei Altäre wurden darin errichtet, den mittelsten oder Fron-Altar liess er hohl machen, um Besessene darein zu schliessen, sie zu beschwören. Kirchhof, Glockenhaus, Taufstein, Altarbücher, Kelch und Gewänder der Priester liess er durch den Bischof von Lausanne einweihen, der in eigener Person herkam. Arnold errichtete dazu für alle künftigen Zeiten einen Kirchensatz mit Gütern und Freiheiten, Matten, Gärten, Reben, Zehnten, Primitz, Alpen, Waiden, Holz, Allmend und Zinsen. Der

Priester sollte haben dazu alljährlich 60 Dukaten und Alles geniessen in guter Ruh, ungestört und sicher vor Eingriffen der Fürsten und anderer Gewalten; der Kirchherr solle gehalten sein, in seine Kosten die Kirche, wenn sie es bedürfe, zu decken. Dieser Kirchensatz ward vom Bischof und Papst bestätigt. Hierauf ging die Einweihung auf's Feierlichste von sich; als ein vom Teufel besessener Mensch die heilige Handlung gestört habe, sei er in den Fron-Altar gestossen worden, worauf der Bischof den bösen Geist beschworen und ausgetrieben. Hierauf wurde den Kirchgenossen die Lieferung zum Pfarrhausbau auferlegt, sie wurden verpflichtet, die Kirche in Ehren zu halten, ausgenommen das Dach der Kirche, zu dessen Unterhalt dem Priester de Zehnten auf dem Schorrenfeld angewiesen ward. Der Sigrist soll des Kirchherrn Weibel sein, Zins und Schulden einziehen, der Kirche wohl abwarten, das Licht darin bei Tag und bei Nacht nicht auslöschen lassen, die Glocken läuten, wenn er geheissen wird, früh oder spät, und fleissig vollbringen, was dem Dienst zugehört. Dies Alles schwuren die Leute für sich und ihre Erben.

Hierauf ward Herr Cuno, der Burgkaplan von Strättligen, als Kirchherr eingesetzt und präsentiert. Es wurden ihm auch Freiheiten gegeben, dass er heben könne ein Taubenhaus, Jagdhund und Federspiel; item, dass er könne fischen nach seinem Belieben im Wendelsee, und sonst neben ihm Niemand, bei Busse von 3 Pfunden, die , wenn ihm der Kirchherr das Fischen nicht erlaubt hat, fallen soll an den Kirchenbau. –Solches geschah um's Jahr 315 nach Christi Geburt.

Das Jahr 315 n. Chr. wird später in der »Wahrheitssuche« noch genauer betrachtet werden und es wird die Frage gestellt, ob zu dieser Zeit die Christianisierung bis an den Thunersee vorgedrungen war.

»Die früheste Kunde über das Christentum in der Schweiz verdanken wir Irenaeus, dem Bischof von Lyon«, schreibt Fritz Blanke in seiner »Urgeschichte des schweizerischen Christentums«.

Demnach gab es schon um das Jahr 180 auf dem Gebiet der Helvetier und der anderen keltischen Völker, namentlich auch Allobroger in Genf, christliche »Kirchen«. »In der Zeit von 260 – 401 wurde das Christentum im römischen Reiche zuerst zur erlaubten Religion (311), dann zur Staatsreligion (380)«, schreibt Blanke.

Zu dieser Zeit gehörte auch »Helvetien« zum römischen Reich, die Historiker gehen allerdings davon aus, dass sich der christliche Glaube zunächst nur in den römischen Ansiedlungen etablieren konnte, außerhalb – auf dem »Land« – dürfte die »einheimische« Religion wesentlich länger überlebt haben. Archäologische Zeugnisse frühester Kirchen in der Schweiz sind in Martigny (VS) und in Genf zu finden. Auf das Ende des 4. Jahrhunderts werden christliche Kirchen auch für Kaiseraugst, Zurzach, Windisch, Basel, Avenches, Nyon und Yverdon nachgewiesen. Dass zur Hauptsache in Konzilakten Namen von Schweizer Bischöfen verzeichnet sind, lässt darauf schließen, dass auch in der Schweiz schon früh kirchliche Strukturen gebildet wurden.

Es besteht durchaus die Möglichkeit, dass die Region am unteren Thunersee schon recht früh von Christen besucht wurde. War doch im Gebiet des heutigen Allmendingen eine römische Tempelanlage.

Des Stifters Sohn hiess auch Arnold; als derselbe eine Romfahrt gemacht hatte, erzählte er dort dem Papst Sylvester, was daheim in der Kirche des Paradieses schon für Wunder geschehen seien. Ein Lahmer von Erlenbach, genannt Peter Schick, sei bei der Kirche eingeschlafen; während dessen habe ihn der Engel Michael mit Wasser aus der Quelle begossen, worauf er ganz gesund worden sei, hierauf habe der Genesene die Stuhl-Matte zu Latterbach der Kirche vergabet. –

Diese Sage wird auch in der Strättliger-Chronik ausführlich beschrieben. Dem Wasser aus der Quelle wurde eine heilende Wirkung zugeschrieben. Die Geheilten schenkten der Kirche aus Dankbarkeit oft ein Stück Land, so auch Peter Schick aus Erlenbach. Die Bezeichnung Stuhl-Matte ist in Latterbach nicht mehr in der Erinnerung der heutigen Dorfbevölkerung, jedoch gibt es ein »Mätteli« und die »Längmatte«.

Ein Mann von Reutigen, Hartmann Imhof, wurde gehenkt; sterbend rief er den St. Michael an. Nachdem er eine Stunde am Galgen gehangen und auf Fürbitte seiner Eltern und Freunde herabgenommen war, wurde er, ehe er begraben ward, wieder lebendig. Hierauf vergabte er der Kirche eine Hofstatt zu Reutigen.- Eine Weibsperson, Röselein von Stocken, wurde durch einen Trunk, der ihr in des Satans Namen gegeben worden, vom bösen Geist besessen, hierauf in den Fronaltar gestossen, drei Tage lang darin verwahrt, beschworen und zuletzt mit Wasser aus der Quelle getauft; sie ward gesund und vergabte der Kirche einen Acker zu Stocken, so der Brunnacker geheissen.

Diese drei Wundergeschichten erzählte Arnold dem Papst Sylvester, der in den Jahren 314 – 335 im Amt war. In zwei der Geschichte wird die Quelle, das Wasser des Brunnen von Einigen erwähnt.

Durch diese Erzählung wurde der Papst so gerührt, dass er verordnete, der Kirchherr solle, wie ein Chorherr des Stiftes zu Lausanne, einen Kutzhut, das ist, einen weichen Chorhut tragen, und bestätigte ihm zugleich alle vorerwähnten Freiheiten.

Nun berichtet die Einiger-Chronik von Verfügungen, die ungleich wichtiger waren, als die eben erwähnte päpstliche, vermöge welcher der Priester der Kirche St. Michaels im Paradies das Recht hatte, eine grau pelzene schleierförmige Kopfbedeckung zu tragen, die ihm von dem Haupt hinten über den Rücken herabhing; ein solcher sog. Kutzhut bezeichnete eine kirchliche Auszeichnung, wie bei den weltlichen Ständen glänzendere Insignien einen Vorrang andeuten. In einer Einigen-Chronik, die mit der Abstammung der Burg- und Freiherren von Strättligen begann, durfte ja nicht unerwähnt bleiben, dass einer derselben gar zum König gekrönt worden sei. Dies geschah in der Gegenwart der Bischöfe von Lausanne, Genf und Sitten, nebst mehreren Fürsten und Prälaten des minderen Burgunds zu St. Moritzen, wo Rudolf von Strättligen, Graf Conrads Sohn und Abt Hugo's Enkel, die königliche Krone über das erwähnte »mindere« Burgund aufgesetzt wurde im Jahr 888 nach Christi Geburt. Das Königreich, welches man so hiess, begriff die Landesgegenden zwischen der Rohne und der Aare bis an den Rhein und die Reuss, hiermit was zwischen dem Jura und den Hochgebirgen liegt, Solothurn, Wallis, Uechtland und Aargau.

Das Jahr 888 ist ein wichtiges Jahr in der Geschichte der Region am Thunersee. Der Weg, der vom Strättligenhügel zum »Pulverturm« führt, trägt den Namen »Burgunderweg. Die Wegbezeichnung hat eine Zusatztafel mit dem Text. »Die Thunersee-Gegend gehörte zum Königreich Hochburgund 888 – 1033. Mehr dazu erfahren Sie im Kapitel 3, »die Burgunder«.

Im Jahr 933 wurde wieder ein Rudolf, Herr von Strättligen, zum König über das mindere Burgund erwählt, dessen Gattin die berühmte Bertha aus fürstlichem Geschlecht war, eine durch die edelsten Eigenschaften des Verstandes und Herzens wahrhaft ausgezeichnete Frau. Sie war der Bevölkerung so wert und von ihr so hochgeschätzt und erwarb sich so grossen Ruhm, dass sie noch jetzt im Waadtland als die Repräsentantin der höchsten weiblichen Tugend und namentlich als das verehrungswürdigste Charakterbild einer christlichen Hausfrau citirt wird. Zu Peterlingen, wo sie mit ihrem königlichen Gemahl residirte, hat man noch bis auf den heutigen Tag den hölzernen Sattel ihres Reitpferdes in Ehren gehalten, auf dem sie ihre Rundreisen innerhalb der Grenzen ihres

Landes gemacht hatte (es wird im Stadthause aufbewahrt). Auch während des Reitens soll sie, wie die Sage geht, auf offener Landstrasse aus Liebe zur Arbeitsamkeit mit der Spindel Flachs gesponnen haben, in Folge welchen Beispiels in manchen Gegenden des Oberlandes die Sitte der Weiber herstammen soll, die, wenn sie sich mit der Hutte am Rücken vom Hause in's Feld oder nach der Mühle begeben, eine >Lismete< mitnehmen und unterwegs im gehen sich damit beschäftigen, um das Beispiel einer wackeren Hausfrau damit zu ehren, die sich nicht schämte, unterwegs, obgleich hoch zu Ross, etwas Nützliches zu schaffen, was mancher faule Schlamp nicht einmal daheim hinter dem Tisch oder zur Winterszeit auf dem Ofen tun mag.

Die Aufmerksamkeit der Bertha war vorzüglich auch der Kindererziehung ihrer Untertanen zugewendet, sie stiftete in Nonnenklöstern Mädchenschulen, die als ganz vorzügliche Bildungsanstalten jener Zeit genannt wurden; in Mönchsklöstern Knabenschulen, und nächst Gott verdankte die Bevölkerung des Oberlandes der Frömmigkeit und Regentenweisheit des Königs Rudolf und seiner Gemahlin Bertha nicht weniger als die Stiftung von zwölf Kirchen.

Um 933 tritt Hugo seine Herrschaftsrechte in der Provence an Rudolf II. ab, sodass das Hoch- und

Niederburgund zu einem großen, jedoch innerlich sehr lose gefügten Königreich wurde. 937 starb Rudolf II. von Burgund und hinterließ das Reich seinem noch minderjährigen Sohn Konrad. König Otto von Italien nutzte diese Gelegenheit, es gelang ihm, sich mit Bertha, der Witwe Rudolfs II., und sein Sohn Lothar mit Berthas und Rudolfs junger Tochter Adelheid zu verheiraten. Die burgundischen Ehe-Verbindungen mit Italien hielten nicht lange. Königin Bertha trennte sich bald wieder von ihrem allzu lebenslustigen zweiten Mann, und ihre Tochter Adelheid wurde schon 950 Witwe. Die fromme Königinwitwe Bertha, die Kaiserin Adelheid und ihr Bruder König Konrad erstrebten eine weitgehende Verselbstständigung der Klöster gegenüber ihrer Stiftherren sowie eine Intensivierung ihres geistlichen Lebens.[17]

Die Chronik von Einigen meldet, Rudolf habe einen Traum gehabt, darinnen er eine mit hohen Mauern umgebene Stadt gesehen hätte; dieselbe hatte 12 Tore und über jedem stand ein Engel, darob er erwachet. Ein frommer Priester gab ihm folgende Auslegung: das wunderbare Gesicht sei eine göttliche Mahnung an ihn, dass er in der Gegend um den Wendelsee herum zwölf Kirchen

[17] Prof. Dr. Hans Conrad Peyer (Zürich), Handbuch der Schweizer Geschichte, Verlag Berichthaus Zürich, 1972, Frühes und hohes Mittelalter, S. 139-140

bauen solle, welche die Töchter der Kirche des »Paradieses« sein würden; dieselben verglich er den zwölf goldenen Sternen an der Krone seines Gespons (d. h. seiner herrlichen Gattin) ; die Deutung gefiel dem erlauchten Herrscherpaar und die Erbauung folgender zwölf Kirchen ward nicht nur von ihm sogleich beschlossen, sondern auch mit heiligem Eifer unternommen; so erstanden die Kirchen von Frutigen, Leissigen, Aeschi, Wimmis, Uttigen, Thierachern, Scherzligen, Thun, Hilterfingen, Sigriswil, Amsoldingen und Spiez. Hiezu kam noch die besondere Verfügung, dass zu Amsoldingen und Spiez Domherrenstifte gegründet werden sollten. Bei dem alten, angeblich vom Hunnenkönig Attila in den Zeiten der verheerenden Völkerwanderungen erbauten Turme auf der in den See hinaus sich erstreckenden Landzunge legte er ein mit Mauern befestigtes Städtlein an, dem er den Namen Spiez gab.

Diese Nachrichten, die durch keine besiegelten Urkunden, welche sich bis auf unsere Zeiten erhalten hätten, verbrieft und verbürgt sind, enthält die Einigen-Chronik und sind noch in den neusten Geschichtswerke der Erlebnisse des Bernervolkes aufgenommen worden. Die Urkunden lagen in der Frömmigkeit und in dem Herrscherwillen der Stifter. Wer die erwähnten Angaben in Zweifel ziehen will, dem bleib's unerwehrt, aber wer ihnen widersprechen will, weil zu ihrer Bestätigung keine

Urkunden mehr vorhanden sind, der beweise mit Urkunden, dass die genannten zwölf Kirchen nicht im Jahr 933 von König Rudolf und seiner Gemahlin Bertha, sondern zu einer anderen Zeit und von anderen Stiftern gegründet worden seien. Unterdessen stehen die zwölf Gotteshäuser inmitten zwölf blühender Kirchgemeinden da und erinnern Mit- und Nachwelt an den unsterblichen Ruhm hoher Herrscherwürde und herrschermacht; der feierliche klang ihrer Glockentöne schallt täglich zur Mittagsstunde und am Abend wie ein holder, lieber Gruss gegenseitig von den Ufern des alten Wendelsees hinüber und übertönt harmonisch das dumpfe Geräusch des verflachten, niederen Weltlebens und Treibens, und wenn sie im Anblick der schweigenden Hochgebirge am hehren Sonntagsmorgen die Gemeinden in die alten ehrwürdigen Gotteshäuser rufen mit gemeinsamem Feierklange, dann tauschen wir ihre Harmonien nicht gegen die ausgesuchten Symphonien der berühmtesten Tonkünstler.

Die im Glauben, mit Anrufung der göttlichen Hülfe unternommenen Werke dauern fort von Geschlecht zu Geschlecht, während die luftigen Kartenspielgebäude herrschsüchtiger Staatskünstler vom ersten besten Windzug über den Haufen geworfen werden und ungerechte Eingriffe in das Gut, das von frommen Vorfahren der Kirche vergabet worden ist, ruchlosen Volksverführern un-

auslöschliche Brandmarkung und Schande und einen Fluch bereitet, der mit keinem raubritterischen Hohnsprechen zu entfernen und mit keinem frechen, das Heiligste verhöhnenden Spotte zu vertilgen ist.

Es lässt sich's, kaum vorstellen, welche Ehre es für das alte Gotteshaus im »Paradies« gewesen sei, die Mutterkirche von zwölf neuen Pfarrkirchen zu werden, die herrlich aufblühen, wie die Lilien des Feldes; allein sowie es nicht selten im häuslichen Leben geschieht, dass die Kinder den Eltern über den Kopf wachsen, so ging's auch hier und die Chronik wälzt davon teilweise die Schuld auf den König Rudolf selbst, der die Töchterkirchen neben der Mutterkirche zu sehr begünstigt habe, wesswegen er von Gott mit schwerer Gemütskrankheit heimgesucht worden sei, während welcher der Engel St. Michael um die von Satan angefochtene Seele des Königs mit dem Versucher gekämpft und denselben mit dem Flammenschwert überwunden habe. Die Sache kam bis vor den Papst Leo, der den Spruch tat, es sei nicht recht, dass die Kirche des Paradies etwas möge entfremdet und der einen oder anderen der Töchterkirchen zugewendet werden, die Kinder sollen ihrer Mutter keinen Schaden antun. Der letzteren schenkte bei diesem Anlass der Papst fünf Reliquien, ihren Ruhm zu erhöhen, und damit das Ansehen der Mutterkirche aufrecht erhalten werde, verordnete er, dass die zwölf Töchterkirchen alljährlich am Kirchweihtage dasselbe anerkennen; jede der zwölf Kirchgemeinden war verpflichtet, an selbem Tage eine Wachskerze, wenigstens ein Pfund schwer, der Kirche des Paradieses zu bringen, bei angedrohter Strafe ewigen Fluches im Unterlassungsfalle. – So ging's bis um's Jahr 1123, da Herr Burkhard von Strättligen in seinem zeitlichen Vermögen so sehr heruntergekommen war, dass er dem Priester der Kirche des Paradieses sein Baareinkommen nicht mehr auszurichten vermochte und deshalb den päpstlichen Beistand ansprach, der ihm zu Teil wurde, nebst der Verordnung, dass alljährlich an den drei Sonntagen vor St. Michaelstag öffentliche Steuer im ganzen Umkreise gesammelt werden soll. Die Herren von Strättligen sanken immer tiefer, ihr Wohlstand schwand mehr und mehr. Im Jahr 1156 zog gar einer derselben, Herr Diebold von Strättligen, die Hinterlassenschaft eines verstorbenen Priesters wiederrechtlich an sich, deswegen er, obgleich er einen vornehmen Namen trug und in der alten Burg seiner Väter residierte, öffentlich an einem Kirchweihtage in den Bann getan wurde; als er aus demselben erlöst wurde und dennoch das ungerechter Weise zu Handen genommene Gut nicht herausgeben wollte, sei er besessen worden, erzählt die Chronik, und sei darauf gestorben und »da haben seine Gefährten seine Seele gesehen wie sie ausfuhr und gehört dass St. Michael den bösen Geistern befohlen habe, sie von dannen in ein Moos nahe dem See zu tragen. Da sie danach noch viel und oft sei gehört worden, wird das Moos noch bis zum heutigen Tag, das Höllmoos genant«. Als sie hierauf beschworen worden sei, habe sie bezeugt, sie könne von ihrer Pein nicht erlöst werden, wenn seine Hausfrau das Genommene nicht der Kirche wieder erstatte. Da kehrte sie wieder 20 Jucharten Matten und Wald, desgleichen eine Jucharte Reben, gelegen zu Spiez, frei von Zehnten und genannt St. Michaels Weingarten. Hierauf ward an einer Stelle, die man nennt »das Ghei«, nicht weit vom Höllmoos, ein Bruderhaus erbaut, worin auf päpstlichen Befehl ein Bruder erhalten werden solle, der während des Laufes des Jahres wenigstens 138 Messen zu lesen habe. – Im Jahr 1194 herrschte zu Strättligen, unter Kaiser Heinrich VI. Herr Conrad zu Strättligen, ein grosser grader Mann, der jedermann angenehm war; an einem Tanz brachte ihm Einer eine schöne Jungfrau zu, dass sie ihm Kurzweil mache; aber der Herr hatte diesen sammt dem Weibsbild mit scharfen Worten abgewiesen. Er reiste zum heiligen Grabe und kehrte glücklich wieder heim; hierauf schenkte seine Hausfrau, die Catarina hiess, der Kirche zum Paradies einen Weingarten, der zu Spiez lag und der »Catarina-Weingarten« genannt wird;

Herr Conrad schenkte dazu einen Baumgarten am Wendelsee bei dem Schachen, der »Zwygart« genannt, an der hohlen Gasse, item ein Haus, dahin der Kirchherr möchte einen Rebmann setzen, darum es auch St, Catarina-Haus heisst und stösst an den Kirchhof. Dieser neuen Vergabung wegen wurde der Priester verpflichtet, alle Wochen, jedoch an welchen tagen er wolle, eine Messe zu lesen. Nachher wurde dieses haus seiner Baufälligkeit verkauft und aus dem Erlös davon ein Stücklein Land, genannt Gumpelsmad, an einem Berg gekauft.

Im Jahr 1223 geschah sowohl zur Kirche des Paradieses als zu dem St. Michaelsbrunnen dabei grosse Wallfahrt; es kamen Leute von allen umliegenden Orten, ja gar weit entlegenen Städten und Landen und wurden vielerlei Presthafte gesund, besessene, Krumme, Lahme, Taube, Stumme, auch Blinde und mit dem Fallenden Weh Behaftete. Zur gleichen Zeit jedoch, als der Ruhm der Kirche so gross war und täglich grösser wurde, nahmen auch die Kirchgenossen zu an Geldsucht und Hochmut, wurden dem Kirchherrn ungehorsam, wiederredeten ihm und wollten die gegen ihn übernommenen Verpflichtungen nicht mehr anerkennen und halten; ihre Ruchlosigkeit nahm so sehr überhand, dass, als der Priester sie zum schuldigen Gehorsam ernstlich ermahnte, sie ihn töteten; sie empörten sich auch gegen den

Freiherrn auf der Burg, der jedoch den Flammberg von Leder zog und viele der Widerspenstigen damit erschlug; dennoch nahm die Empörung überhand, die Wut der Aufrührer verheerte, des Herrn von Strättligen Reben, Bäume, das Beinhaus, sogar die Kirche des Paradieses; auch die feste Burg wurde in Brand gesteckt und so verheert, dass Niemand mehr da wohnen mochte und konnte; das Land blieb unbearbeitet, öd und wüste, daher der Name »Einigen« gekommen ist. Sieben Jahre hindurch wütete die Raserei des empörten Volkes; endlich, nachdem sie einander selber beraubt und zerfleischt hatten und des Zerstörens satt wurden, ward's stille.

(. . .) Die Quelle des ehemaligen Wunder- oder St. Michaelsbrunnen, von welchem die Einiger Chronik merkwürdige Dinge, erzählt, hat noch nicht versiegt und kommt in der Nähe des Pfarrhauses, hart am Seeufer, aus dem boden hervor. Ein vortreffliches klares und reines Trinkwasser, welches nicht, wie dasjenige mancher Brunnen, wie Blei den Magen beschwert; es quillt nicht so hoch über dem Ufer heraus, dass es durch einen Deichel oder Röhre geleitet werden könnte. Eine hartsteinerne Einfassung, mit welcher die Quelle gegen den Abhang des Landes gewissermassen geschützt ist, verrät hohes Alter; bei erhöhtem Wasserstand des Sees verliert sich unter demselben die Spur

der Quelle gänzlich. Als der Verfasser diesen Ort besuchte, war das Seewasser niedrig und so weit von seinem gewöhnlichen Ufer zurückgetreten, dass in einiger Entfernung davon auf den Seegrunde einige hartsteinerne, aller Wahrscheinlichkeit nach von Menschenhand zubereitete Platten wahrgenommen werden konnten, an denen man jedoch weder Bildwerk noch Inschrift mehr bemerkte, sie mochten wohl seit manchem Jahrhundert hier gelegen haben.

Dass der Genuss des erwähnten trefflichen Quellwassers manchem Kranken, der es im Glauben, es werde ihm helfen, getrunken, wirkliche Erleichterung oder gar Hebung seiner Beschwerden bewirkt habe, wollen wir unbedenklich zugeben, ohne dem Engel Michael, als daherigem Wundertäter, unsere Anerkennung zu zollen, wie die päpstlichen Verordnungen sie forderten. Die Quelle ist von der Art, wie es in der Umgegend beider Seeufer mehrere gibt, deren Wasser im Sommer eiskalt und im Winter beinahe lau ist, so dass es nie überfriert. – Welchen Lärm haben vor einigen Jahren mehrere Doktoren mit ihren Wasserkuren gemacht; mit welcher marktschreierischen Plusmacherei haben sie in eigens hiefür geschriebenen Büchern und Zeitungsartikeln der erstaunten Welt des 19. Jahrhunderts das grosse Resultat des entschiedensten Fortschrittes der Neuzeit angekündigt: »Alle Krankheiten heilbar durch Wasser!!!« Wohlverstanden, nicht durch's zubereitete gefärbte Apothekerwasser, sondern durch das reine Quellwasser. – Die Vorschrift des äusserlichen und innerlichen Kaltwassergebrauchs ward ein paar Monate lang so sehr in der civilisirten Welt als Unversalmittel gegen alle möglichen physischen Übel empfohlen, dass Manche, deren Güter höchstes das Leben ist, in der Hoffnung, dasselbe so viel als unzerstörbar zu machen, sich mit ihren Wassergenüssen früh und spät beinahe die Wassersucht angetrunken haben und sich auf diese Weise Beschwerden zuzogen, von denen sie früher nie geplagt gewesen waren. – das mittelst eines nicht übertriebenen Genusses des reinen Quellwassers, nicht nur ehemals bei der St. Michaelsquelle der Kirche zum Paradies am Wendelsee, sondern auch an anderen Orten, wo sich ein ähnlicher klarer Born befindet, noch heutzutage Befreiungen von eingewurzelten Übeln bewirkt worden seien, wollen wir vielen prosaischen und poetischen Zeugnissen glauben, von denen rührendsten Wünschen für die Wiederherstellung der Gesundheit eines Lieblings an bis hinauf zu dem, dem erhabenen Pindar aufgebürdeten, travestirten:

»Wasser ist das allerbest
Schon vor tausend Jahren gwest.«

Kaum ist jemals etwas Schöneres über Kranke, die bei einer Heilquelle ihre Gesundheit wieder zu erlangen hofften, in Versen geschrieben worden, als die Schilderung jener Scene der Brunnengäste zu Pyrmont bei Sonnenaufgang, vom Dichter Claudius. Einige derselben sprechen vom Allerhalter, der hoch über den Sternen, Land und Meer auf die Freuden und die Leiden aller seiner Kinder herabschaut:

Er sieht auch uns hier, traurig, arm und bleich
An Stock und Krücken gehen –
Dort fliesst der Brunnen, dass er wieder reich
Und froh uns mach und schön!

Die Barmherzigkeit und Gnade Gottes über sich anrufend, schliessen sie ihr Gebet:

Herr Gott! Dich loben wir¨
Herr Gott, wir danken dir!
Dich Gott Vater in Ewigkeit,
Ehret die Welt weit und breit,
All' Engel und Himmels Herr
Und was dienet deiner ehr![18]

[18] Die Schwalbe, Bern, verlag von C. Wüthrich – Gaudhard, 1853, Auszüge aus S. 19- 47

2.5 Erste Erwähnung des Brunnen

Im dritten Kapitel der Strättliger Chronik, »*Wie die Kirche im Paradies, die man nun Zeinigen nennt, her gekommen ist«,* wird der Brunnen zum ersten Mal erwähnt. Herr Arnold von Strättligen wollte außerhalb der Burg eine Leutkirche erbauen. Der Platz, an dem man zu bauen anfing, wurde jede Nacht verschüttet. St. Michael aber wies den Bauleuten selbst die dazu geweihte Stelle, samt einem Wunderbrunnen. Eine Stimme wurde gehört, hier sei ein Schatz, den niemand bezahlen möge, heilsam für alle Siechtümer des Leibes und der Seele. Die Kirche soll gebaut werden ... »*an dem End des Garten oder Matten, die da heisst die Hofstatt zum Paradies. (. . .) also dass sie sein soll in dem Dorf, bei dem Weg oder gemeinen Strasse ob dem Wendelsee, (. . .) indem selben Garten des Paradies ein Brunnen sei, der aufwalle oder ein wallender Brunnen sei. Der auch gemacht sei als ein (vieschsamler) Fischsammler und der Ausgang des Brunnens geht in den vorgenannten See*[19]. Die Kirche im Paradies wurde genau an diesem Ort gebaut, welche St. Michael den Bauleuten zugewiesen hatte. Da, wo auch ein Brunnen war. Es wird von einem wallenden Brunnen, in dem Fische lebten und der sich in den See ergoss, geschrieben. Es besteht durchaus die

---

[19] Strättliger Chronik, S. 32

Möglichkeit, dass eine Quelle, es könnte auch unter der Erdoberfläche gewesen sein, ein kleines Erdloch mit Wasser auffüllte und der Auslauf in den Thunersee ausfloss. Ich gehe davon aus, dass beim Bau der Kirche der Brunnen mit einem Steinmantel befestigt wurde, so wie es zu dieser Zeit üblich war. Der äußere Kreis des Brunnen beträgt 180 cm, innen 110 cm., was eine Wanddicke der Trockenmauer von 33 – 35 cm ergibt. Die Schachttiefe des Brunnen ist zur Zeit 200 cm. Der Gartenbauer hatte, wie er mir sagte, nur etwa 50 cm gegraben und für sein Empfinden nichts Bemerkenswerte gefunden. Der Brunnenschacht sollte nun so belassen werden und nur von ausgewiesenen Fachleuten, wenn nötig, weiter untersucht werden. Eine genaue Datierung ist ohne Grabung nicht möglich, jedoch im Vergleichen ähnlicher Brunnen ist es durchaus möglich, dass der Brunnen von Einigen im Laufe des 3. bis 6. Jahrhunderts gebaut wurde. Mit dieser ersten Datumsangabe begebe ich mich auf ein schwieriges Terrain. Die Jahresangaben in der Strättliger Chronik sind mit äußerster Vorsicht zu genießen. Genau so verhält es sich auch mit einer Ansichtskarte von der Kirche Einigen, von der Firma »Wehrli A.G., Kilchberg, Zürich«, auf der zu lesen ist: »13199 Kirchlein von Einigen am Thunersee (erbaut a. 315) Älteste Kirche Europas. Wer diese Jahrzahl dem Ansichtskarten-Produzenten mitgeteilt hatte, ist nicht mehr herauszufinden. Es wäre jedoch nur zu schön, in einem Dorf mit etwa knapp 50 Einwohnern im Jahr 315 eine Kirche zu haben und erst noch die Erste Europas. Nach bisherigen Erkenntnissen hat die Christianisierung in der Region am Thunersee nicht vor 500 n. Chr. begonnen. Es besteht jedoch durchaus die Möglichkeit, dass es schon viel früher war.

Bei Restaurierungsarbeiten im Jahr 1954 wurden im Innern der heutigen Kirche ganz deutlich erkennbar die Grundmauern einer »Urkirche« gefunden. Diese »Urkirche« hat man in die Zeit 650 – 750 datiert, als die iroschottischen Mönche wirkten; in der seitlich eingebauten Grabkammer stiess man auf zwei Skelette aus der Alemannenzeit, daher auch »Alemannengrab« genannt. Hinter diesem relativ gut erhaltenen Grundriss vermutet man den letzten Rest einer ursprünglichen Kirche.

Die Sage von der Standortbestimmung durch St. Michael ist nicht nur für Einigen dokumentiert, sondern auch für die Michaelskirche der Stadt Zug: »*Die Hauptkirche der Stadt Zug liegt ausserhalb der Stadt, östlich auf einem Hügel und ist dem Erzengel Michael geweiht. Wann sie zum ersten Mal erbaut worden ist, weiss man nicht, da alle Urkunden bei einem Brand verloren gingen. Man berichtet aber, die Gründer hätten die Kirche an einem ganz anderen Ort errichten wollen.*

An jene Stelle habe man bereits Holz und Steine geführt. Holz und Steine seien aber über Nacht stets auf wundersame Weise verschwunden und nach langem Suchen am Berg östlich der Stadt gefunden worden. Dort habe man dann mit dem Bau begonnen und glücklich beendet.[20] Der Legende nach hatte auch hier St. Michael die »Hände« im Spiel, und so ist anzunehmen, dass es noch mehrere Kirchen gibt, die von Michael an den richtigen Ort gestellt wurden.

2.6 Der Wunderbrunnen

Als die neue Kirche im Paradies vom Bischof von Lausanne und anderen Priestern geweiht wurde, erschien ihnen St. Michael mit einer Engelschar und erteilte den Befehl: Man solle hingehen in die Burg Strättligen, zum Heiligtum, das sich im Altar der Burg befinde, welches von ihm geweiht wurde. Auch den Kirchhof mit dem heiligen Brunnen hab er zu ewigen Zeiten gesegnet und geweiht. So wurden die Kirche, der Altar und auch der Brunnen gesegnet, was ein deutliches Zeichen dafür ist, dass der Brunnen ein wichtiger Bestandteil der Kirche im Paradies war. Ob nun Kiburger dies aus dem lateinischen Buche entnahm, ist nicht mit

---

[20] Sagen aus der Schweiz, Ex Libris Verlag, Zürich, 1987, S. 162

Sicherheit zu erkennen. Wo der Text aber auch immer herkam, sehen wir, dass der Brunnen eine sehr wichtige Rolle bei der Kirche von Einigen spielte. Die Wunder, die dem Brunnen zugeschrieben werden, sprechen jedoch eine deutliche Sprache.

Peter Schik

Es war einer mit dem Namen Peter Schik, wohnte zur Zeit in Erlenbach und hatte eine schwere Krankheit an den Knien und Beinen, dass er ein grosses Leiden hatte, so dass er nicht gehen konnte ohne Krücken. Also versprach Peter Schik jedes Jahr an die Kirchweihe St. Michael der Kirche im Paradies zu kommen, mit einem lebenden Opfer, und das da zu opfern auf dem Altar. Die Kirche war weit weg von da, wo er wohnte und er braucht drei Tage mit leiden und mühe dahin zu kommen. Als er jedoch da war, blieb er vierzehn Tage bei der Kirche. Da er in dieser Zeit als er da war keine Besserung erfuhr, wollte er wieder nach Hause gehen. Nun traf er am selben Ort in der Herberge einen Menschen der auch krank war. Als er nun im Schlaf lag, da dünkte ihn in seinem Schlaf, wie ein Mensch kam und ihn beschütte mit dem Wasser des heiligen Brunnen. Auf dieses dünken erwachte er von seinem Schlaf und stund auf und sprach zu seinem Gesellen, der bei ihm lag wütend, warum er ihn habe beschüttet so viel und sehr. Sein Geselle antwortete im und sprach: ich habe dich nicht beschüttet, aber ich glaube das schütten sei geschehen durch St. Michael, den ich gesehen habe und wird die Ursache deiner Gesundheit sein. Also stund er auf und empfand, dass er ganz und gar Gesund worden war, nahm seine Krücken und Stecken auf die Schulter und ging hin zur Kirche des Paradies und opferte da ein Schaf oder ein Lamm und liess seine Krücken und Stecken da bei der Kirche zu einem Zeichen, dass der allmächtig Gott und St. Michael im geholfen hatte. Danach gab dieser Peter Schik dem Kilchherren (Pfarrer) zum Paradies als ein ewiges Almosen eine Matte, genannt die Stülmatta, gelegen in Latterbach, so wurde es ins Jahrzeitenbuch geschrieben und er ging fröhlich wieder heim. [52–54]

Mechlit Röslerin

Es war zu dieser Zeit eine Tochter in Stocken, mit dem Namen Mechlit Röslerin. Im Hause ihres Vaters war auch eine Jungfrau, von dieser verlangte die Tochter Mechlit zu trinken. Da diese zu trinken verlangte, wurde die Jungfrau zornig und wollte ihr nicht gern zu trinken geben; doch sie gab ihr im Zorn zu trinken und sprach zur Tochter: nimm hin und trink in des Tüfels Namen! Als sie nun trank, da fühlte die Tochter, wie ihr ein brennender Brand durch die Kehle hinabginge, so heftig, das sie anfing zu schreien, als ihr die Kehle wollte verbrennen. Dabei blähte sich ihr Bauch auf und schwoll gross an und es deuchte sie, wie etwas durch ihren Leib und durch alle Glieder liefe. Die Tochter fing an sich gar wunderlich zu benehmen und heftig zu schreien, als sei sie Besessen und blieb in diesem Zustand für zwei Jahre. Ihr Vater und ihre Mutter und andere Freunde versprachen sie in die Kirche des Paradies zu bringen, und dahin wurde sie auch geführt. Da sie nun in die Kirche des Paradies gebracht wurde, da schlossen sie die Tochter in den Fronaltar und legen lebende Opfer auf den Altar und waren an dem selben Ort drei Tage und beschworen mit der Stola und einem Schwert und es wurde ein grosser Prozess durch sie vollbracht und getan. Danach Taufte man sie in dem heiligen Brunnen, dass sie so müde wurde, als sei sie Tod. Da sie nun so da lag und entschlafen war, da sah sie in ihrem Schlaf einen schönen lieblichen Jüngling der hatte ein Schwert in seiner Hand, in seinem Antlitz war er gleich St: Michael. Im Traum nahm der Priester, der sie beschwor ein stück Brot segnete es und netzte es im heiligen Brunnen und bot es der Tochter. Darauf erwachte sie und erzählte öffentlich vor all denen die da waren, ihr Gesicht (Traum) in ihrem Schlaf: alle die da waren erschraken ob des grossen Wunders stund Gesund auf, gesünder als sie vorher gewesen war. Alle die das grosse Wunder und Zeichn sahen, die sagte Lob und Dank dem allmächtigen Gott und dem würdigen Erzengel St. Michael und das wurde auch überall im Land weitererzählt. Von dieser Befreiung und Hilfe, die der Tochter Mechilt war geschehen in der Kirche und dem heiligen Brunnen des Paradies, da gab ihr Vater und Mutter und auch sie zur dem Kirchherrn einen Acker zu Stocken, der der Krumme Acker hiess; und andere Stück wurden der Kirche auch gegeben, das findet man im Jahrzitbuch im August. [55-57]

Hans Müller

Man findet an dem selben Ort, dass einer mit dem Namen Hans Müller war beraubt seiner sicht der Augen dass es nichts sah. Der Hans Müller ging zu der Kirche im Paradies St. Michael mit einem lebenden Opfer. Da er nun kam und sein Opfer gab, lies er sich zum heiligen Brunnen führen, der da ist bei der Kirche im Paradies und bestrich da seine Augen mit Erde und Speichel, und danach wusch er sein Augen mit dem Wasser des heiligen Brunnen und war von dieser Stunde an sehend und lobte da den allmächtigen Gott und den hochwürdigen Erzengel St. Michael. Und danach sofort gab er einem Kirchherrn am selben Ort für immer ein Stück Land, unter dem Spiz ob dem Pfenwert und auch einen Acker, genannt den Talacker. [71]

Peter Müller

Es war einer der hiess Peter Müller und war der Bruder des vor genannten Hans Müller. Dieser Peter Müller war am ganzen Körper mit der Krankheit des roten Schaden (Hautkrankheit, Röteln, Gürtelrose), so stark befallen dass alle die zu ihm kamen, ihn für Tod hielten und dachten er käme nie mehr lebend aus seinem Bette. Er begab sich mit einem lebenden Opfer zu St. Michael der Kirche im Paradies, nahm das Huhn und Opferte es auf dem Altar, nahm Erde neben der Kirche und vom Wasser des heiligen Brunnen, mischte es untereinander und trank dieses. Sobald er dies getan hatte, empfand er Gesundheit von seiner Krankheit und war gesund und frisch, besser als er je zuvor gewesen war. Dieser Peter Müller sagte danach dem Allmächtigen Gott lob und dank und dem hochwürdigen St. Michael auch und diente danach St. Michael ab diesem Tag bis an sein Ende und gab dem Kilchherrn für immer eine Matte die man nannte, das Sinwel-mad under dem Weg. Er gab dazu noch für immer, eine halbe juchard Land im Teller. Das alles findet man im Jahrzytbuch (XVIII. Oktober) [S. 71-72]

Walter Amesching

Es war ein Walter Amesching von Hondrich, dem war eine Hand lahm geworden, so dass er die

Hand nicht gebrauchen konnte. Also begab er sich zur Kirche im Paradies mit einem lebendigen Opfer. Obschon er das Opfer schon zweimal dargebracht hatte und opferte, wurde seine Hand nicht gesund. Er wollte aber nicht ablassen zu bitten, den St. Michael um Gesundheit und begab sich zum dritten mal, nun mit seiner Gemahlin Cristina, in grosser andacht. Als sie nun auf der fahrt nach der Kirche im Paradies waren, begegnete ihnen ein Ehrbarer alter Mann, als sie waren bei dem Salzbrunnen unter dem Hondrichberg, und grüsste sie und fragte wohin sie wollen. Sie antworteten und sagten, sie wollen zur Kirche im Paradies und zeigten ihm auch die lahme Hand, und erzähltem ihm wie gross die Gnade sei bei der Kirche im Paradies und wie grosse da erzeugt werden durch den Hochgelobten würdigen St. Michael. Als er ihm nun von der Krankheit erzählt hatte, da hob der ehrbare alte Mann seine Hand auf, gab ihm seien Segen und Sprach zu Walter von Hondrich: gehe hin mit Sicherheit, du wirst Gesundheit für deine Hand empfangen, wenn du das lebende Opfer auf den Altar legen wirst und danach deine Hand in den heiligen Brunnen stossest, und je tiefer du die Hand hinein stossest, je früher du Gesundheit empfängst! Und es sprach der alte ehrbare Mann noch zu ihm: es sind törichte Leute, die ihr Opfer auf den Altar werfen, danach hinweg gehen und den heiligen Ämtern der Messe nicht warten und hören. Obschon die würdigen Engel im Himmel Liebe und Freude empfangen, und auch ein jeder der da bittet den allmächtigen Gott und die Heiligen, das er nicht belieblich ist an seinem bitten. Und als der alte Mann die gesagt hatte verschwand er, so dass er ihn danach nicht mehr sah. Da er und seine Gemahlin ein grosses Wunder hatten, gingen sie für sich und vollbrachte ihr Gelübte zu der Kirche im Paradies mit einer guten und treuen Zuversicht. Da sie nun zur Kirche des Paradieses kamen, da machte der behinderte Mann das was der alte ehrbare Mann gesagt hatte. Er legte das Opfer auf en Altar, und stiess die Hand in das Wasser des heiligen Brunnen und zog die Hand gesund wieder heraus und sagte Lob und Dank dem allmächtigen Gott und dem Hochwürdigen St. Michael. So lange er lebte, ehrte er St. Michael in der Kirche des Paradies und gab einem Kirchherrn von der Kirche und all seinen Nachkommen zur freien Verfügung einen Acker, gelegen zu Hondrich. Dies alles findet man auch im Jahrzitbuch (XIII. Oktober) [S. 72-74]

Bernhart zum Brunnen

Da war ein Bernhart von Brunnen der lebte jenseits von Strättligen (das ist die Gegend um das Bächigut, Chartreuse in Hilterfingen), Dieser Bernhart hatte eine schwere Krankheit und gros-

ses leiden und schmerzen an seinem Leib, so dass alle die ihn sahen oder von ihm hörten, mitleid mit ihm hatten. Er konnte nur noch schreien und von seinen grossen Schmerzen klagen. Da geschah, dass ihm in der Nacht einen ehrlichen ,würdigen hübschen Mann mit zierlichem Gesicht in weisen Kleidern erschien. Diese Mann verkündete ihm, dass, wollte er gesund werden, dass er zu St. Michael in der Kirche des Paradies gehen soll und da opfere ein lebendiges Opfer auf dem Altar. Er aber verachtete dies und wollte es nicht Tun. In der nächsten Nacht erschien ihm der Mann wieder und wieder wollte er es nicht tun. In der dritten Nach begegnet dieser wieder, der ihm so hübsch vorkam und riet ihm das selbe im Schlaf, der segnete ihn mit dem heiligen Kreuz und sagte ihm er solle sich in dem heiligen Brunnen waschen und wenn er sein Gelübte andächtig vollbracht hätte, so sollte er sicher sein, dass er Gesund und Frisch werde. [90]

Dietrich von Hilterfingen

Es war ein Knäblein, nicht mehr als sieben Jahre alt, mit Namen Dietrich aus Hilterfingen, das Blind war. Sein Vater und die Mutter rufen den hochwürdigen heiligen St. Michael in der Kirche des Paradies an, weil dem Knaben ein Häutchen über die Augen gewachsen war, und niemand ihn sehend machen konnte. Sie fuhren zur Kirche im

Paradies und opferten ein lebendiges Opfer auf dem Altar. Dann nahmen sie Wasser des Heiligen Brunnen und Erde vom Kirchhof, mischten beides und bestrichen damit die Augen des Kindes. Danach riefen sie mit grosser Innerlichkeit und Andacht die Hilfe St. Michaels an. Sobald sie das getan hatten, zerbrach das Häutchen auf den Augen des Kindes und er wurde sehend. Vater und Mutter dankten dem allmächtigen Gott und St. Michael mit grossem Lob und Dank, dass er ihnen gnädig geholfen hatt. Darum gab der Vater des Kindes, Hans Zworlouf, drei Stück Land einem Kirchherrn der Kirche im Paradies. Das findet man im Jahrzeitenbuch quinto indus novembris (5. November). [110-111]

Konrad von Faulensee

Es war zu den selben Zeiten ein Baumann, mit dem Namen Konrad von Faulensee, der auch noch Müller im Watt (Gwatt) war. Er griff ungeschickt in den Mühlestein, so dass seine Hand verletzt wurde, so sehr, dass das Fleisch an beiden Seiten herab viel und der Knochen und die Adern zermalmt und zerstossen waren. Er hatte so grosse Schmerzen, dass er wünschte, ihm die Hand abzuschneiden. In seiner Not rief er um Hilfe beim St. Michael an. Er hatte von Jugend an zum hl, St. Michael gebetet und mit Almosen jährlich geehrt, und hatte andere Leute dazu bewegt ähnliches zu tun. Bald darauf, i einer Nacht kam St. Michael zu ihm im Schlaf und dankte ihm für alles gute was er getan hatte und sprach: begehrst du oder willst du gesund werden? Ja, ich möchte gerne gesund werden. Ihn dünkte, wie St. Michael ihm seine Hand waschte mit dem Wasser des heiligen Brunnen. Er erwachte und befand, dass das Geäder und seine Hand wieder ganz war, auch das Fleisch zu beiden Seiten war wieder an der Hand so dass er gesund war, wie vor dem Unfall. Am nächsten Morgen erwachte er gesund und zeigte es jedem, und alle die es sahen erschraken, dass der würdige St. Michael ei so grosses Zeichen an diesem Mann gezeigt hat. Er und alle die das so sahen, sagte Lob und Dank dem allmächtigen Gott und St. Michael, um des grossen Zeichens willen. Der selbe Konrad von Faulensee gab dem Kirchherrn der Kirche zum Paradies eine halbe jucharde Acker, gelegen im Kirchacker. Das findet man im Jahrzeitenbuch im März. Der Konrad von Faulensee pflegte danach so lange er lebte. Jährlich auf der Kirchweih der Kirche im Paradies mit grosser Andacht zu gehen und St. Michael an dem selben Ort zu ehren mit gebet, mit Opfer und Almosen und bewegte die Menschen, St. Michael an diesem Ort zu ehren. [155-156]

Cecilia von Merligen

Da war eine Frau, Cecilia zu dem neuen Haus von Merligen. Dieser Frau vielen viele Krankheiten zu, dass sie krumm ging und einen Buckel hatte, dazu wuchs ihr ein grosser Kropf an ihrem Hals. Sie konnte sich nicht mehr aufstrecken und musste ihre Hände immer auf die Knie legen. So bat sie ihren Sohn Rudolf, er solle sie in einer Hutte zur Kirche des St. Michael des Paradies tragen. Mit Opfern und Almosen bat sie Gott und St. Michael, ob sie ihre helfen wollen, vor der grossen Krankheit. Da sie nun da war, und mit Andacht ihr Opfer gab, jedoch keiner Gesundheit gewahr wurde, blieben sie doch zehn Tage bei der Kirche. Da wurde ihr Sohn zornig und war gegen St. Michael und sprach: Du hasst aller Welt geholfen und willst meiner armen Mutter nicht helfen und willst weder sie noch mich erhören! Ich will alle die, welche sich zu dir kehren wollen, warnen, dass sie nicht zu dir kommen und zur Kirche im Paradies. Er zog zornig von dannen, jedoch mitten auf dem See hatte seine Mutter grosse Schmerzen, sie lag im Schiff und weinte. Sie schlief ein in ihrem weinen und in ihrem Schlaf sah sie einen schönen Jüngling mit klarem Antlitz. Da dünkte es sie, in diesem Schlaf, wie er sie wasche mit dem Wasser des heiligen Brunnen im Paradies und sprach zu ihr: Stehe auf und gehe! Darauf erwachte die Frau und empfand, dass sie gesund war vor ihrer Krankheit und der ungestalt ihres Leibes. Sie erzählte das mit Freuden ihrem Sohn, der kehrte auf dem See sofort wieder um zu der Kirche im Paradies, und sagten Gott dem Allmächtigen und St. Michael grosse Lob und Dank. Sie liessen die Hutte in der Kirche stehen, als ein Zeichen. Sie gaben dem Kirchherrn ein Gut, welches hiess, in der niederen Schwendi. Das findet man im Jahrzeitenbuch im Mai. [139-140]

Das sind die neun Wunder, die dem Wasser des heiligen Brunnens zugeschrieben wurden. Wundergeschichten wurden gerne erzählt, um die Zuhörer in Bann zu halten, aber auch um die Mitmenschen im Glauben zu stärken und um von der allmächtigen Kraft Gottes zu berichten. Schreiben konnten nur sehr wenige, vor allem Mönche, und in Einigen Elogius Kiburger. Dieser Pfarrherr von Einigen hielt diese Geschichten als erster auf Papier fest.

2.7. Chronologie der Wunder

Nicht alle Wunder, die der Kirche im Paradies zugeschrieben werden, können mit dem Brunnen in Zusammenhang gebracht werden. Elogius Kiburger beschreibt die Wundergeschichten entweder bei den Papstbesuchen, wo diese zum Erlangen weiterer Privilegien vorgetragen wurden, oder als Erwähnungen bei Kirchweihfesten. Das verkünden der Wunder war von zentraler Bedeutung, wollte doch eine Pfarrei vor dem Papst und der kirchlichen Obrigkeit vorbildlich in Erscheinung treten. Aber es musste auch alles getan werden, dass die Gläubigen in der Region und in einem großen Umfeld von den Wundern hörten und die Kirche aufsuchten. Obschon nur die allerwenigsten Bewohner im 15. Jh. lesen konnten, wurde von den Wunden im Paradies am Wendelsee mündlich berichtet. Wenn von so vielen Wundern erzählt wurde, musste schon etwas Wahres daran sein, was neue Besuche bei der Kirche bescherte und neue Wunder hervorbrachte. Die Wunder und Zeichen wurden bei den Papstbesuchen und bei den Kirchweihfesten vorgetragen und sollten Dankbarkeit hervorrufen. Sie sollen auch die Leute motivieren, die Kirche zu besuchen und den Opferstock nicht zu vernachlässigen. Aber auch sollen diese Geschichten zum Nachdenken animieren und den Glauben an Gott und St. Michael vertiefen.

Alle Wunder, die in der Strättliger Chronik erwähnt sind, werden in Kurzform zusammengefasst:

Peter Schik aus Erlenbach wird durch das Wasser des heiligen Brunnen von Knie- und Beinschmerzen geheilt. [52]

Hartmann im Hof aus Reutigen wurde nach der Hinrichtung am Galgen wieder lebendig, nachdem sich seine Angehörigen St. Michael anvertraut hatten. [54]

Mechilt Röslerin aus Stocken wurde nach einem ihr verabreichten Getränk mit einem Fluch beladen. In der Kirche im Paradies wurde sie in den Hochaltar eingeschlossen, danach im heiligen Brunnen untergetaucht und vom Fluch befreit. [55]

Hans Müller aus Einigen wird mit Wasser des heiligen Brunnens von seiner Blindheit geheilt. [71)]

Peter Müller, der Bruder von Hans, wurde vom roten Schaden (Ruhr) durch das Wasser des heiligen Brunnen wieder gesund. [71]

Walter Amsching aus Hondrich hatte eine lahme Hand, die durch eintauchen in den heiligen Brunnen wieder gesund wurde. [72]

Gertrud aus Frutigen hatte gelähmte Beine und der Körper war gekrümmt. Sie brachte ein lebendiges Opfer zur Kirche und wurde geheilt. [89]

Bernhard zum Brunnen vom Bächigut (Chartreuse) hatte starke Leibesschmerzen. Mit einem lebendigen Opfer kam er zur Kirche im Paradies und bei einer Waschung mit Wasser des heiligen Brunnen wurde er gesund. [90]

Diebold von Strättligen wurde vom Kirchherrn der Kirche im Paradies ausgeschlossen, weil sich dieser am Kirchengut vergriff. Danach wird er von einem bösen Geist besessen. Darauf wird er in den Hochaltar eingeschlossen und beschworen. Der Priester befreit ihn vom bösen Geist und Diebold beichtet, gibt jedoch das abgezweigte Kirchengut nicht zurück, darauf er von Neuem besessen wird und stirbt. Er bleibt als arme Seele im Moos am See, die noch bis zum heutigen Tag Höllmoos heisst. [102]

Dem Knaben Dietrich aus Hilterfingen waren Häutchen über die Augen gewachsen, sodass er blind war. Ein Gemisch aus Erde und Wasser aus dem heiligen Brunnen, welches ihm auf die Augen gestrichen wurde, machte ihn wieder sehend. [110]

Der vierjährige Bernhard aus Schorren fiel in einen tiefen Brunnen und wurde erst nach längerer Zeit tot gefunden. Sein Vater brachte das tote Kind mit einem lebenden Opfer zur Kirche im Paradies, wo es wieder lebend wurde. [112)]

Hans zum Ried aus Hilterfingen wurde unschuldig zum Galgen geführt. Seine Angehörigen baten St. Michael, jeder nach seiner Schuld zu bestrafen. Der Strick von Hans riss, sodass dieser zu Boden fiel. Der Richter betrachtete dies als Gottesurteil und ließ ihn frei. [118]

Anna von Goldern, ein zwölfjähriges Mädchen aus Einigen, war seit einem Jahr so stark erblinde-t, dass es auf die Hilfe anderer angewiesen war. Sie hörte von der Kirche im Paradies und von den Gelübden, worauf sie versprach ein jährlich lebendes Opfer zu bringen. Darauf bekam sie ihr Augenlicht zurück und ihr Vater schenkte dem Kirchherrn ein Landgut. [120]

Peter Fröiwe aus Einigen badete im See und sah Frau Anna von Goldern, die er verspottete und anspritzte. Sie wurd zornig und wünschte ihm im Namen St. Michael, dass er ertrinke. Seine Kräfte ließen nach und er ertrank. Nachdem er tot aus dem See geholt wurde, waren seine Frau und die Kinder sehr traurig, baten St. Michael um Hilfe an und versprechen ein lebendiges Opfer. Darauf kam Peter wieder zum Leben. [121]

Anshelm von Strättligen beging Ehebruch mit einer anderen Frau. Er wurde vom Teufel besessen und verwandelte sich in eine schwarze Gestalt. Er begab sich zur Kirche im Paradies, wo sich jedoch der Kirchherr seiner Gestalt wegen fürchtete. Anshelm konnte mit reuigem Herzen seine Beichte ablegen und wurde vom Teufel befreit. [125]

Cecilia aus Merligen hatte einen Kropf, einen Buckel und konnte die Hände nur noch auf die Knie legen. Ihr Sohn brachte sie zur Kirche im Paradies. In einem Traum wurde sie von einem schönen Jüngling mit dem Wasser des heiligen Brunnens gewaschen und wurde gesund. [139]

Hedwigis von Wyler wollte durch die Kander gehen und ertrank. Ihre Freunde, die sie retteten, versprachen ein lebendiges Opfer zur Kirche im Paradies zu bringen, wenn sie wieder erwache. Sie wurde wieder lebendig und sie dankten Gott und St. Michael. [140]

Margret, die Frau von Heinrich Haris, war blind. Sie hörte von der Kirche im Paradies, opferte ein dickes Kalb und wurde auf einem Auge gesund. In der Nacht darauf schmerzte ihr noch nicht geheiltes Auge. St. Michael forderte sie auf, ihr versprochenes Opfer zu bringen und den Oblatenteller zu berühren. Nachdem sie dies getan hatte, wurde sie gesund. [141]

Nikolaus, ein Schüler, ertrank beim Fischen im See. Als er aus dem Wasser gezogen wurde, dachten alle, er sei tot. Die Eltern riefen St. Michael an und versprachen ein lebendiges Opfer. Nikolaus kehrte wieder ins Leben zurück. [153]

Der kleine Peter lag vier Stunden da, als ob er tot wäre. Die Mutter versprach in ihrer Not, jährlich ein Opfer zur Kirche im Paradies zu bringen. Er wurde wieder lebendig. [154]

Gerda, die Tochter des Cunrat Suters von Wyler, war taubstumm, blind und konnte nicht gehen. Die Eltern versprachen der Kirche im Paradies ein jährliches Opfer, wenn St. Michael der Tochter die Gesundheit wieder gebe. Alsbald wurde sie geheilt und die Eltern gaben dem Kirchherrn ein Landgut. [154)]

Cunrat von Faulensee war Müller Im (G) Watt, wo ihm bei der Arbeit die Hand unter den Mühlestein kam und diese zerquetschte. In seiner Not rief er St. Michael an, den er schon lange verehrte. Im

Schlaf kam Michael zu ihm und ihn dünkte, dass seine Hand im Wasser des heiligen Brunnen gewaschen würde. Am nächsten Morgen erwachte er und war geheilt. [155]

Das sind die 22 Zeichen und Wunder, die in der Strättliger Chronik des Elogius Kiburger zusammengefasst sind. Davon werden neun Krankheiten mit dem Wasser des heiligen Brunnen geheilt, dem Brunnen, der mit der Hilfe Gottes und des heiligen St. Michaels Blinde sehend, Lahme gehend, Verletzte geheilt und Tote lebend wurden. Eine Kirche, ein Brunnen, ein Dorf, welche viele Kranke, Traurige und Beladene mit Hoffnung besuchten und geheilt und glücklich wieder zurückließen.

2. 8 Brunnensagen

Über kein Gotteshaus, weder der näheren Umgegend noch des gesamten Schweizerlandes, sind uns so uralte, mit Wundern durchwirkte Volkssagen und Legenden erhalten worden, wie über das am linken Seeufer gelegene Einigen Kirchlein. Mit diesen Worten beginnt der Text im Büchlein »Die Schwalbe« zu »Das Kirchlein zu Einigen am Thunersee oder die Mutterkirche des Oberlandes«. Nebst vielen anderen Wundern sind die Wunder im Zusammenhang mit dem Brunnen, dem heilenden Wasser, von sehr großer Bedeutung. Dem Brunnen zu Einigen wurden verschiedene Heilkräfte zugeschrieben. So werde ich einige heilende Wasser und Brunnen aus der Region, aber auch aus einem weiteren Umkreis erwähnen. Wasser ist nun mal das wirkungsvollste Heilmittel in der Medizin und der Religion. Sei es eine religiöse Waschung oder die Taufe. Pilatus wusch nach der Urteilsverkündung, die Jesus ans Kreuz brachte, die Hände, woraus sich die Aussage »die Hände Unschuld waschen« herausschälte.

Augenbrunnen bei Interlaken

Am Goldswil-Stutz bei Interlaken in der Schweiz wird ein kleiner Brunnen »Augenbrünneli« genannt. Sein Wasser soll besonders für die Augen heilsam sein. Im Heimatbuch Ringgenberg + Goldswil fand ich folgenden Text zu dieser Heilquelle: *»Das Augenbrünneli unterhalb der neuen Strassenteilung darf in diesem Sinn als handwerkliches Denkmal angesehen werden, auch für den Ingenieur als Statiker. Eine Halbkuppe mit Stichbogenachse, unter Bergdruck stehend, in Konstruktion als Trockenmauer ohne jegliche Stahlbetonarmierung, ein Meisterwerk der Steinbaukunst! Das stilgerechte Empire-Brunnenbecken ist ein* *echtes Kunstwerk; ungezählte Wanderer und ihre Pferde erfrischen sich an der kühlen Augenbrünneliquelle.«*[21] Ein Brunnen, dem eine Eigenschaft, eine Heilkraft, Heilen oder Erlaben der Augen, zugesprochen wird. Es besteht durchaus die Möglichkeit, dass das kalte Wasser aus dem Berg dem müden Wanderer den Staub von den Augen wischte und durch die Abkühlung des Gesichtes den Blick wieder klar machte.

Einige Sagen zu Quellen und Brunnen, welche ich als erwähnenswert empfinde (nur eine kleine Auswahl) werde ich nun auf den folgenden Seiten weitergeben.

Maria Bründl in Wilhelmsdorf bei Poysdorf, Niederösterreich

Ursprünglich stand ein schlechtes hölzernes Kreuz (etwa um 1637) beim Hl. Bründl, auch eine Hütte mit etlichen Bildern. Schon 1653 hat sich ein Bürger von Poysdorf in »Unserer lieben Frauen Brünnlein gewaschen und gebadet« ist genesen und bringt »gemalene Tafel«. 1655 bis 1657 erfolgt der Bau einer Kapelle, bis aus den reichen Opfern 1740 bis 1751 eine Kirche erbaut wurde. Die Ursprungskapelle war so klein, dass sie kaum

[21] Gustav Ritschard, Ringgenberg + Goldswil, Verlag und Herausgabe der Gemeinde Ringgenberg, 1990, S. 339

16 Personen fasste. Sie ist heute in die Kirche miteinbezogen. Die Wallfahrt untersteht dem Chorherrenstift Klosterneuburg.

Legende: Ein Bauer fand bei der Quelle ein Marienbild und bemerkte, dass es weinte. Er nahm es mit nach Hause, aber am Morgen war es wieder beim Bründl.

Nach einer anderen Legende hätte ein Bauer mit dem Wasser des Bründl seine Augen geheilt und ein Marienbild auf einen Baum gehängt, das sich aber am nächsten Morgen beim Bründl selbst befand, was sich mehrmals wiederholte, als Zeichen, hier eine Kapelle zu erbauen.

Wallfahrtsmotiv: Heilquelle, besonders für Augen- und Fußkranke. Man wusch und badete sich gleich dort. Den Ruf der Heilkraft erlangte das Brüdl, das gleich neben der Kapelle entsprang, durch die Heilung einer blinden Frau, die aber später wieder die Sehkraft verlor. Schon eine Visitation des 17. Jahrhunderts beklagte sich, dass die beiden Geschlechter wegen Raumbeschränkung nebeneinander badeten. Das Wasser wurde auch mitgenommen und verschickt. Das Augenbründl ist heute verschüttet, es existiert nur noch ein Bassin zum Hände- und Füßewaschen. Ursprünglich diente der Besuch der Wallfahrt der Pestabwehr, später auch Schauerabwehr. In Zwentendorf geht darüber die Legende, als man dort mit der Wallfahrt aussetzte, vernichtete der Schauer alle

Grundstücke mit Ausnahme jener des Einzigen, der noch die Wallfahrt besuchte.

Im 18. Jahrhundert sind noch zahlreiche Prozessionen erwähnt, besonders aus Kleinhadersdorf, Poysbrunn, Ameis, Staatz, Hörersdorf, Fallbach, Wenzersdorf. Früher kamen zahlreiche Ungarn und Slowaken, die aber ausblieben, seitdem das Augenbründl verschüttet wurde. Schon 1673 kamen an Sonntagen über 300 Leute, später an Festtagen 7 bis 900 Personen, wobei es ziemlich lärmend, kirchweihmässig zuging. Ein Visitationsbericht spricht von dem »Brätelbraten, Weinschenken und Essen und Trinken«. Im 18. Jahrhundert wurden an den Hauptfesttagen 2. Juli und 8. September bis 5000 Besucher gezählt. – 1668 wurde hier der Kammermusiker Riccigni geheilt.

Mirakelbuch: Verzeichnis und Beschreibung der gewissen Wunder und Mirakel, so Gott durch die Fürbitt der seligsten, allezeit reinen Jungfrauen und Mutter Gottes Maria und diesen helisamben Wasser bei Unser Lieben Frauen Brünnlein zu Wilhelmsdorf gewirket hat, beschrieben durch Thoman Grueber zu Wilmhelmsdorf den 21. May Anno 1677, - darin 43 Gebetserhörungen, meist an Augen- und Fusskrankheiten.[22]

---

22 http://www.sagen.at/doku/quellen/quellen_noe/maria_bruendl_wilhelmsdorf.html 21.07.2013

Der heilige Brunnen in Gmunden, Salzkammergut

Die Legende erzählt von einem erbitterten Streit, der einst beim Wasserholen entstand. Zwei Brüder aus dem Geschlecht der Mühlwanger waren sich über den Besitz der Quelle nicht einig. Um den Zank zu schlichten, wollten sie sich an der Quelle treffen und einen friedlichen Vertrag aushandeln. Anstatt jedoch Frieden zu schließen, gerieten sie in Wut und gingen mit Waffen aufeinander los. Das Quellwasser färbte sich rot von Blut. Da versiegte die Quelle und die beiden feindlichen Brüder suchten entsetzt das Weite. Die Bewohner von Gmunden aber, die auf das Wasser angewiesen waren, litten schwer unter der Wassernot. Sie zogen in einer Bittprozession zur Quelle und flehten inbrünstig, dass Gott ihnen das Wasser zurückgebe. Als nun der Pfarrer mit dem Allerheiligsten den Segen spendete, begann es leise zu rauschen, die Quelle sprudelte wieder. Zum Dank erbaute man neben dem Brunnen eine Kapelle und seit damals heisst sie auch »Heiliger Brunnen«. Kaiser Maximilan I. kaufte 1515 den Brunnen und baute die erste Wasserleitung über eine Brücke zum Kammernhof. Die Leitung erhielt 1528 für Badezwecke einen zweiten Auslauf, dieser wurde 1811 auf den Klosterplatz verlegt.[23]

Der Heilbrunnen von Ohmbach

Der Heilbrunnen bei dem kleinen Ort Ohmbach liegt im Ohmbachtal, etwa 2 km von Leutschld entfernt.

Eine adelige Tochter kam an dieser Quelle vorbei und machte eine letzte Rast vor dem Kloster in Herchen. Sie war erblindet, trank von dem Wasser aus der Quelle und konnte kurz darauf wieder sehen. Aus diesem Anlass liess das Kloster in Herchen diese Quelle als Brunnen einfassen und sollen nach diesem Ereignis noch weitere ähnliche Wunder geschehen sein.[24]

Der Augenbrunnen auf der Kappel

In Marktleuthen, im Naturpark Fichtelgebierge in Bayern, wird von einem Augenbrunnen berichtet.

---

[23] http://austria-forum. org/ af/Wissensammlungen/Bibliothek/Heilige_Quellen/Ober%C ... 02.06.2015

[24] http://www.windeck-bewegt. De/windeck-tourismus/sehenswert7heilbrunnen/ 2104.2014

Der folgende Text wird vom Verfasser aus dem Frühneuhochdeutschen ins Neuhochdeutsch umgesetzt: »*Unweit unseres Markt liegt ein Berg, welcher Cappel genannt wird, weil zu diesen Zeiten des Papsttums auf derselben die sogenannte Wolfgangskapelle gestanden habe, wovon sich auch wirklich die >Rudera< vorfinden. Gleich unter dem Berge ist ein Brunnen gefunden worden, welcher ebenfalls der Wolfgangs-Brunnen genannt wird. Von diesem bezeigen unsere alten und erfahrenen Bürger, dass derselbe vor ungefähr 50 Jahren so berühmt gewesen wäre, dass von weit entlegenen Orten Lahme, Krüppel und Elende dahin gebracht worden sind, und an diesem Ort Hilfe und Reinigung gesucht haben. – so schrieb der Marktleuter Pfarrer Johann Seiferth 1774.*«[25]

Heiligenborn – Schweicher Heilbrunnen

In Schweich, einer Stadt an der Mittelmosel im Landkreis Trier-Sarburg in Rheinland-Pfalz, befindet sich dieser Heilbrunnen.

---

[25] http://www.heimatforschung-marktleuthen.de/Augenbrunnen.htm 21.04.2014

Die bauliche Gesamtanlage besteht aus Quelle, Wegekapelle, Stationenweg und Wegekreuz in gärtnerischer Anlage. Nordwestlich der Ortslage am Rand des Meulenwaldes liegt die Anlage um den Heilbrunnen Heiligen-Born, mit einer Wegekapelle und axial ausgerichteter Baumalle. Die Ostseite der Allee, ein Kreuzweg mit 14 Stationen, die zur gefassten Quelle hinleiten. Der mit Wunderberichten über die Heilkraft der Quelle 1602 einsetzende Gebrach des Heilwassers führte und im 17. Jahrhundert zu einem ausgeprägten Kurbetrieb. Die Heilquelle geriet späterhin nicht in Vergessenheit, eine wirtschaftliche Nutzung unterblieb jedoch. Die Ausgestaltung dieses wichtigen Heilbrunnens im Kreisgebiet weist auf die Sinnschicht eines christlichen Quellheiligtums hin. Die seit 1615 mehrfach gefasste Quelle, umgewidmet als Paradiesborn, wurde 1926 umgestaltet. [26]

Staatsbad Pyrmont

Die Stadt Bad Pyrmont liegt im Weserbergland im Bundesland Niedersachsen.

---

26 http://www.roscheiderhof.de/kulturdb/client/einObjekt.php?id=10163, 21.04.2014

Die erste schriftliche Erwähnung des >Hylligen Born< und des Brodelbrunnens als Heilquellen stammt von dem Dominikanermönch Heinrich von Herford aus der Zeit um 1350. Er beschreibt den Hylligen Born (fons sacer) und den Brodelbrunnen(fons bulliens), dessen lautes Brodeln man noch auf Armbrustschussweite hören konnte. Die Fassung der Quelle »der Hyllige Born« befindet sich unter dem Brunnentempel. Sie besteht aus einer Betonglocke, unter der sich das Quellwasser sammelt und durch den Co2-Gastank mittels Leitungen in Vorratsbehälter in der Wandelhalle befördert wird. Der Hyllige Born schüttet etwa 4-5 Liter pro Min. Er war seit jeher die »Trinkquelle« und wird noch heute zur Trinkkur für die Durchspülung der harnabführenden Wege verwendet.

Der Brodelbrunnen diente zu Badezwecken. Eine alte Holzrohrleitung, bestehend aus längs durchbohrten Baumstämmen, vom Brodelbrunnen zu dem 1777 erbauten Fürstlichen Badelogierhaus, wurde bei der Neugestaltung des Brunnenplatzes im Frühjahr 1999 gefunden. Das heutige Hotel Fürstenhof gilt als erstes Kurhotel der Welt, in dem man wohnen und eine Badekur durchführen konnte.

Der Augenbrunnen trägt auf der Säule das Standbild der heiligen Odilie (Ottilie), der Schutzheiligen für das Augenlicht.[27]

Gnadenbrunnen Weihenlinden

Weihenlinden ist ein kleiner Ort in Bayern, zwischen Bad Aibling und Bruckmühl.

Wo heute die Kirche Weihenlinden steht, im ebenen Wiesen- und Ackerland östlich des alten Pfarrdorfes Högling, befand sich zu Anfang des 17. Jahrhunderts ein eingezäunter Platz, in dem zwei mächtige Lindenbäume, die »Weichlinden« und eine steinerne Martersäule standen. Nach der Volksüberlieferung sollen hier drei vornehme Männer begraben sein und die Nachbarschaft hegte ehrfürchtige Scheu vor diesem »Weichlindengarten«. Im frühen 17. Jahrhunderts stellten die Höglinger in der Martersäule eine Muttergottesfigur auf, die bisher wenig beachtet in ihrer Pfarrkirche stand. Aus Versehen war die von ihrem Postament gestürzt worden und beim Fall auf das Kirchenpflaster völlig unbeschädigt geblieben, weshalb sie sogleich besondere Verehrung genoss – das heutige Gnadenbild in der Gnadenkapelle.

---

[27] http://www.staatsbad-pyrmont.de/index2.php?href-main&area-heilmittel&link-brun...,21.04.2014

In der Notzeit der Schweden- und Pestjahre 1632/34 gelobte die Pfarrgemeinde Högling den Bau einer Kapelle zu Ehren der heiligsten Dreifaltigkeit bei den »Weichlinden«. Doch erst 1643 konnte man an die Ausführung des Gelübdes gehen. Als Arbeiter hier nach Wasser für den Bau gruben und ihre Arbeit schliesslich als vergeblich aufgeben wollten, seien ihnen, so berichtet die fromme Überlieferung, drei geheimnisvolle Pilger erschienen, die ihnen Erfolg und reichen göttlichen Segen ankündigten. Im Vertrauen darauf gruben die Männer weiter und fanden einen goldenen Ring, um den sich allerlei Legenden rankten. Gleich darauf sprudelte auch eine ergiebige Quelle aus dem Boden. Der Münchner Kapuziner Johann Chrysostomus gab den Höglingern den Rat, wegen der Form des Ringes die Kapelle »in die Rund zu formieren« und neben der Heiligen Dreifaltigkeit »Unser lieben Frauen Hilf zu einer Patronin einzusetzen«. Der Ruf der neuen Gnadenstätte verbreitete sich rasch im bayrischen Oberland und noch im gleichen Jahr strömten von allen Seiten Pilger zum Brünnlein, um hier zu beten und durch das Quellwasser in allerlei Gebrechen Hilfe und Gesundheit zu erlangen.[28]

---

[28] Schnell, Kunstführer Nr. 782 (von 1963) 5. Auflage 1995, S. 2-3

3. Eine Wahrheitssuche

3.1 Das Gebiet am Thunersee

Nun müssen wir uns von der heutigen Zeit, vom heutigen Denken lösen und uns in die Zeit zurückversetzen, als am Wendelsee noch sehr wenige Menschen lebten. Jedoch wollen wir nicht bis in die Bronzezeit zurückgehen, worüber die Gräberfunde im Hollee zeugen. Im Jahr 14 n. Chr. lag die Region um den Thunersee als kaiserliche Provinz im römischen Weltreich, was das römische Heiligtum von Thun-Allmendingen bezeugt. Der Tempelbezirk und die Tempelstraße weisen noch heute auf die Tempelanlage hin. Funde, welche bei Ausgrabungen in den Jahren 1824/25, aber auch 1926, 1967 und 1992 durchgeführt wurden, weisen auf das 1. bis 4./5. Jahrhundert hin, wo in diesem sakralen Bereich verschiedene Gottheiten verehrt wurden.

Richard Feller fasst im Band 1 der vierbändigen »Geschichte Berns« die Geschichte der Region am Thunersee hervorragend zusammen. So werde ich einige kurze stellen aus seinem Werk zitieren.

Zur Zeit der Völkerwanderung besiedelten die Germanenstämme der Alemannen und Burgunder das Gebiet Germania und wurde in der Gegend der Aare Nachbarn. Später, zur Zeit Karl des Grossen, gehörte die Fläche der heutigen Schweiz zum fränkischen Grossreich und empfing von ihm die Einteilung in Grafschaften. Als die Enkel Karls 843 das Reich in Verdun teilten, wurde die Region zwischen Rhone und Rhein unter das Ostreich, das spätere Deutschland und das Mittelreich geteilt. Rudolf aus dem alemannischen Grafengeschlecht der Welfen warf sich 888 zum Herrscher von Hochburgund auf. Dieses Königreich umfasste die heutige Westschweiz, die Aaretäler und die Bourgogne. Der Mannesstamm des Geschlechts schwachte rasch ab; die Frauen allein erhielten ihm höheres Ansehen. Die Sage umgab die Königin Bertha, die Gemahlin Rudolfs II., mit inniger Anmut. Ihre Tochter, die Gemahlin des deutschen Kaisers Ottos des Grossen, ist hochgelobt als Wohltäterin in das Andenken der Nachwelt eingegangen. Sie begabte die Klöster mit Landbesitz im Aaregebiet, und bis in die Reformation sprach man im Oberland und im Mittelland von den Adelheitsgütern. Als 1032 das welfische Königshaus erlosch, fiel Hochburgund an das Deutsche Reich, womit das ganze Gebiet der heutigen Schweiz unter einem Herrscher vereinigt war.

Im Aaregebiet hatte sich die alte Verwaltungseinteilung erhalten, freilich durch die feudale Zerklüftung bis zur Unkenntlichkeit entstellt. Links der Aare erstreckte sich die Landgrafschaft Aarburgund vom Bielersee bis zur Stockhornkette und von der Aare bis in das heutige Freiburger Gebiet, vielleicht bis zur Saane. Der südliche Teil der Grafschaft zwischen Belpberg und Guggisberg hiess im 11. Jahrhundert Ufgau, der nördliche am Bielersee hiess Nugerol.

Das Oberland war keiner Landgrafschaft zugeteilt, sondern stand unmittelbar unter dem Reich und seinem Vertreter, dem Rektor. Es zerfiel in eine Anzahl von Freiherschaften, die sich nicht mehr deutlich unterscheiden lassen. Auf dem linken Ufer des Thunersees waren die Freiherren von Strättligen mächtig. Berchtold V. vermählte um 1200 die Erbtöchter der erlöschenden Geschlechter von Unspunnen und von Oberhofen mit getreuen Edlen aus der Ostschweiz, den Herren von Eschenbach und Wädenswil, die ins Oberland gezogen wurden.

Unter dem Titel »Kirchen und Klöster« ist bei Richard Feller folgendes zu lesen:

Aarburgund gehörte zum Bistum Lausanne, Kleinburgund zum Bistum Konstanz. Die Aare zog die Grenze zwischen ihnen und zugleich zwischen den Erzbistümern Besancon und Mainz und bildete damit einen tiefen kulturellen Einschnitt, schon deshalb, weil Konstanz den Jahresbeginn auf Weihnacht, Lausanne auf den 25. März ansetzte. In Bern drang zuerst der Weihnachtstil durch; erst nach 1531 begann das Jahr mit dem 1. Januar. Die beiden Aareufer waren sich überhaupt fremd, weil sie nur durch wenige Brücken, so bei Thun und bei Bargen, miteinander verbunden waren.

Zum Thema Bevölkerung schreibt Feller: *Die Siedler des Aaregebietes waren germanisch. Vermutung ist es dass sich im entlegenen Hügelland Nachkommen von Römern und Kelten aus der Zeit vor der Völkerwanderung, dass sich im Oberland Nachkommen eines ursprünglich alpinen Menschenschlages von dunklem Gepräge bis ins 2. Jahrhundert erhalten haben. Seit der Völkerwanderung massen und mischten sich die Alemannen und Burgunder. Die Bedingungen lagen zuungunsten der Burgunder; sie kamen geschwächt und in geringer Zahl als Oberschicht ins Land und vermochten vorübergehend einen Staat, nicht aber ein geschlossenes Volkstum zu bilden. Die Alemannen dagegen, von Haus aus ein kräftiger Menschenschlag mit starker Verjüngungskraft, erhielten Nachschub aus den alten Sitzen nördlich des Rheins. Wenn auch die Herrscher Burgunds wiederholt ihre Grenze über die Aare nach Osten verschoben und dort wohl auch burgundische Siedlungen anlegten, so dass die Sprachforschung neuerdings Ortsnamen burgundischer Herkunft östlich der Aare annimmt, so setzte sich doch das alemannische Wesen im Aaregebiet durch. Noch wurde die Sprachgrenze nicht von der Eifersucht der Völker umstritten; das stärkere Volkstum entschied natürlich über die Ausdehnung einer Spra-*

che. Die burgundische Sprache wich der französischen und ging unter. Unter dem schwachen hochburgundischen Königtum machte das Französische keine Fortschritte im Aaregebiet, im Gegenteil das Deutsche rückte nach westen vor. Um 900 sprachen Ins, Murten und Plaffeyen noch französisch; um 1200 hatte das Deutsche die Saane erreicht. Jene Zeit unterschied nicht genau zwischen den Völkern; es kam vor, dass alemannische Herkunft unter burgundischem Namen ging. »Die Burgunder Reginolf und Gerolt unterwarfen sich zu Solothurn dem König«, erzählt der Chronist Hermann der Lahme. Es begünstigte das Alemannentum, dass Hochburgund 1032 ans Reich heimfiel.[29]

Der Burgunderweg im Gwatt, der zur Strattligburg führt, weist noch heute auf diese Zeit hin. »Die Thunersee-Gegend gehörte zum Königreich Hochburgund 888-1033«, wird dem Wanderer an der Wegstrecke mitgeteilt.

3.2 Die Burgunder

Nach diesem kurzen Überblick auf die Thunersee Region erachte ich es als bedeutend, noch einen

[29] Richard Feller, Geschichte Berns, Band 1, Von den Anfängen bis 1516, Verlag Herbert Lang, Bern und Frankfurt am Main 1974, S. 11-19

Abstecher in die Geschichte der Burgunder zu machen. Das »Handbuch der Schweizer Geschichte« Band 1 erwies sich als sichere und gut dokumentierte Grundlage.

»Die Burgunder, die zu den Ostgermanen gerechnet werden, bewegten sich seit der Mitte des 2. Jahrhunderts n. Chr. von ihren damaligen Wohnsitzen an der Oder und der Weichsel in langen Wanderungen nach Süden, über Schlesien an den Main und noch weiter südlich. Im Dekumatenland, d.h. in der Zone zwischen dem einstigen Limes und dem Rhein, stiessen sie mit den Alemannen zusammen. Schliesslich am mittleren Rhein niedergelassen, überschritten sie ihn 406 und wurden von Kaiser Konstantin III. als Föderaten in der Gegend von Worms und Mainz angesiedelt, weil er sie nicht mehr zu entfernen vermochte. Als sie unter ihrem König Gundahar (Gunther) versuchten, ihr Siedlungsgebiet vom Rhein in die Provinz Belgica auszudehnen, sandte der römische Feldherr Aetius eine in seinem Dienste stehende Hunnenschar gegen sie, die 436 den Burgundern eine vernichtende Niederlage beibrachte. Den Rest der Burgunder, der diesen Misserfolg überstand, liess Aetius 443 unter Verpflichtung zum Heeresdienst in der Sapaudia ansiedeln.

Die Sapaudia, dem Wortlaut nach das Tannenland, scheint das Hinterland von Genf südlich der

Rhone umfasst zu haben, das Schwemmland der Arve und die Ebene zwischen Salève und Ecluse. Ja vielleicht reichte sie auch noch weiter ins savoyische Hochland hinein. Hier konnten die Burgunder sowohl als Schutztruppe gegen die Wandalen und Westgoten im Südwesten wie auch gegen die Alemannen im Nordwesten eingesetzt werden. Die Einwohner hatten diese germanischen Militärsiedler, die nur einige Tausend Krieger und im ganzen wohl keine 20'000 Seelen zählten, bei sich aufzunehmen und den Boden mit ihnen zu teilen. 451 kämpften die Burgunder noch unter Aetius in der grossen Schlacht bei Troyes gegen die Hunnen Attilas mit. In den Jahrzehnten nach dem Tode des grossen Feldherrn (454) aber begannen sie in den wirren Auseinandersetzungen zwischen verschiedenen römischen Kaisern, Prätendenten, Feldherren und den Westgoten um die Macht in Südgallien ihren Einfluss nach Südwesten auszudehnen. Ihr Vordringen erfolgte im Einverständnis mit den noch vorhandenen römischen Behörden und wurde von den dortigen Bewohnern nicht ungern gesehen, da es sie von der drückenden römischen Steuerpflicht befreite. Sie besetzten Lyon und brachten das links der Rhone gelegene Land bis hinunter zur Drôme (463) und nach 471 bis zur Durance unter ihre Herrschaft. Nordwestlich des Juras erreichten sie die Gegend von Langres und Besançon, wo sie mit den Alemannen zusammenstiessen und jahrelange Kämpfe führten. Noch um 500 zogen es die Mönche von St-Claude im Jura vor, ihr Salz vom Mittelmeer zu beziehen statt aus der von Alemanneneinfällen bedrohten Jurasaline von Salins, südlich Besançon.

Über die Ausdehnung des burgundischen Einflusses im Gebiete der Schweiz fehlen eindeutige historische Nachrichten fast ganz. Einigen Aufschluss geben die kirchlichen Zusammenhänge, die in dieser zeit des Überganges und der nicht oder nur rudimentär vorhandenen staatlichen Institutionen ein besonders grosses Gewicht besassen. Das älteste christliche Zeugnis unseres Landes ist die mit dem Christus-Monogramm als Symbol des Christentum des Stifters versehene Inschrift des Präses der Provinz Alpes Graiae et Poeniane, Pontius Asclepiodotus, in Sitten vom Jahre 371.

(. . .) Am Genfersee gab es in Nyon eine Christengemeinde. Ebenso dürfte um 400 in den beiden Zentren der Civitas Helvetiorum, in Aventicum und Vindonissa , eine Gemeinde mit einem Bischof bestanden haben. Etwa gleich alt werden auch die Christengemeinden in den befestigten Plätzen Solothurn, Zurzach und Zürich gewesen sein. (. .) Sicher seit dem 5. Jahrhundert bestand

auch in Basel und Kaiseraugst eine bedeutende, von einem Bischof geleitete Christengemeinde.«[30]

So weit eine kurze Zusammenfassung der Ausbreitung der Burgunder und der Christianisierung auf helvetischem Boden, die schon im 7. Jahrhundert auch die Region am Thunersee errichte. *»Im Laufe des ausgehenden 7. und des beginnenden 8. Jahrhunderts liessen die alemannischen Adelsfamilien nach dem Vorgang der Herzöge immer mehr Kirchen auf ihrem Grundbesitz errichten, sei es bei römischen Gebäuderesten oder im offenen Lande. Solche Kirchen waren z.B. die um 700 errichtete Kirche von Tuggen, wo vielleicht zwei Generationen vorher Gallus hatte weichen müssen, und diejenigen von Pfäffikon, Dürnten, Illnau und Hinwil im Zürcher Oberland, von Lüsslingen, Messen und Zuchwil im Solthurnischen und von Oberbipp, Rohrbach, Pieterlen, Spiez und Einigen im Kanton Bern.«*[31]

Zum besseren Verständnis der Verhältnisse in Einigen und Umgebung greife ich nochmals zu den Worten Prof. Dr. Hans Conrad Peyer: *»Am 2. Februar liess sich Konrad in Payerne feierlich zum König von Burgund krönen. Die Herrschaft*

---

[30] Prof. Dr. Hans Conrad Peyer (Zürich), Handbuch der Schweizer Geschichte, Verlag Berichthaus Zürich, 1972, Frühes und hohes Mittelalter, S. 95-97

[31] Prof. Dr. Hans Conrad Peyer (Zürich), Handbuch der Schweizer Geschichte, Verlag Berichthaus Zürich, 1972, Frühes und hohes Mittelalter, S. 112

über Burgund wurde aber erst nach mehreren Feldzügen im herbst 1037 Wirklichkeit, als Eudes von Blois in Lothringen im Kampf fiel. Von nun an gehörte das Königreich Burgund zum deutschen Königreich. Im Gegensatz zum weit entfernten und praktisch dem Adel überlassenen Niederburgund wurde das transjuranische Hochburgund, das seiner Alpenpässe wegen für die Reichspolitik viel bedeutete, zu einem wirklichen Reichsteil. Es ging von nun an eng mit dem Herzogtum Schwaben zusammen, verlor aber doch nie seine im Frühmittelalter geprägte Eigenart.

Die in den grossen politischen Vorgängen spürbare stetige Zunahme des deutschen Einflusses in Burgund während der hundert Jahre von Heinrich I. bis zu Konrad II. lässt sich auch in den inneren Verhältnissen namentlich Transjuraniens deutlich erkennen. Der Hauptbesitz und die eigentliche Machtgrundlage der burgundischen Könige lag zwischen dem Wallis, Jura und Basel. Ausserhalb dieser Zone hatten sie in ihrem Reich wenig Einfluss. Das verkehrsgeographische Gerippe der Königsmacht bildeten die alten Römerstrassen, vor allem die vom Grossen St. Bernhard ausstrahlenden Hauptruten dem Genfersee entlang nach Genf, von Lausanne über die alte, wichtige Königspfalz in Orbe und Pontarlier nach Besançon, von Vevey über Mudon, Payerne, Solothurn, längs der Aare bis an den Rhein und von Biel über Mou-

tier-Granval nach Basel. Ihnen entlang bis an den Thunersee hinauf lag das wichtigste Königsgut, soweit wir es kennen. Dazu gehörten in erster Linie die alten königlichen Klöster St-Maurice und Romainmôtier, zu denen in Zuge der cluniazenischen Reform noch weitere Stiftungen hinzukamen. Die fromme Königinwitwe Bertha, die Kaiserin Adelheid und ihr Bruder König Konrad brachen dieser Bewegung Bahn, die seit 910 von dem französisch-burgundischen Kloster Cluny ausging. Sie erstrebte eine weitgehende Verselbständigung der Klöster gegenüber ihren Stiftern sowie eine intensivierung ihres geistlichen Lebens und sollte schliesslich grosse Teile des Abendlandes erfassen. Diese fromme Tätigkeit ist übrigens das einzige, was wir von der berühmten Königin Bertha wissen. Alle anderen Erzählungen von der spinnenden <reine Berthe< sind blosse Legenden. 962 gründeten Bertha, Adelheid und Konrad ein Kloster in Payerne, wo schon im 6. Jahrhundert Bischof Marius eine Kirche gestiftet hatte, und unterstellten es Cluny. Nach 966 schenkten sie Cluny auch das verfallene Kloster Romainmôtier, nachdem ein erster Schenkungsversuch im Jahre 928 misslungen war. Dann wurden die Kirchen von St. Urban und St. Peter in Solothurn ausgebaut. 999 folgte die Erneuerung der ins 5. Jahrhundert zurückreichnden Stiftung St. Viktor in Genf durch Cluny. Payerne wurde von Otto I. und *adelheid mit Gütern im Elsas, am Hauenstein und im Seeland, Romainmôtier mit solchen an der grossen Strasse Lausanne-Orbe- Besançon beschenkt. 968 entzog schliesslich König Konrad in Zusammenhang mit Otto I. das alte Passkloster Moutier-Grandval an der Pierre-Pertius-Strasse der elsässischen Grafenfamilie der Liutfride, und König Rudolf III. schenkte es 999 dem Bischof von Basel. Der Königsfamilie sind wohl auch die romanischen Kirchenbauten von Spiez und Amsoldingen zu verdanken.*[32]

Nach all diesen Aussagen ist eine recht große Übereinkunft mit den Texten in der Strättligen-Chronik des Elogius Kiburger zu erkennen. Kiburger hatte die Möglichkeit, Schriftstücke gelesen zu haben, oder war im Besitze von solchen, aus denen er zitieren konnte.

3.3 Erste christliche Glaubenszeugen

Der viel genannte Herr Arnold von Strättligen selig, hinterlies einen Sohn mit dem Namen, Herr Arnold von Strättligen. Als sein Vater starb, zählte man das Jahr 315. Dieser junge Herr Arnold von Strättligen wollte nun das Versäumnis seines Va-

---

[32] Prof. Dr. Hans Conrad Peyer (Zürich), Handbuch der Schweizergeschichte, Verlag Berichthaus Zürich, 1972, Frühes und hohes Mittelalter S. 139-140

ters erfüllen und vollbringen, und nahm einige von seinem Hofgesinde mit wie er für sich brauchte, und machte sich auf den Weg nach Rom. Auf dem Weg wurde er von Fürsten und Herren wohl empfangen, durch deren Land und Gegend er fahren musste. Er wurde auch beschenkt von den Fürsten und Herren. Und so kam er nach Rom zum heiligen Vater und Papst Sankt Silvester, der auch vormals den Kaiser Constantin getauft hat und zum christlichen Glauben brachte. Von dem heiligen Vater Sankt Silvester wurde er gar fröhlich und mit königlichen Ehren empfangen. So begann Herr Arnold zu handeln in seinen Sachen warum er zu ihm gekommen sei, und erzählte ihm auch dabei drei grosse Zeichen, und Wunder, die bei der Kirche im Paradies und dem heiligen Brunnen geschehen waren, die wahrlich so geschehen waren, so wie er vor dem Papst steht« [52]

Herr Arnold von Strättligen reiste in den Jahren nach 315 mit einigen Bediensteten nach Rom, zu Papst Silvester, der von 314 – 335 Papst in Rom war. Unter anderem berichtete er auch von drei Zeichen und Wundern, die bei der Kirche im Paradies und dem heiligen Brunnen geschehen waren. Es sind dies die Heilung des Peter Schik aus Erlenbach, von der Auferweckung des erhängten Hartmann im Hof aus Reutigen und der Heilung der Besessenen Melchit Röslerin aus Stocken. Nun stellt sich die Frage, ob um 315 n. Chr. schon eine christliche Gemeinde am Thunersee leben konnte, und ob zu dieser Zeit schon Christen die nördlichen Alpen besiedelten. Aus der legende können wir Folgendes erfahren:

Das Kloster der Augustiner Chorherren in St Maurice Agaunum im Kanton Wallis darf als die »Wiege« des Christentums in der Schweiz betrachtet werden. Das kam so: In Lyon war dem dortigen Bischof Eucherios (gest. um 450) die Geschichte vom Märtyrertod der sogenannten thebäischen Legion zu Ohren gekommen. Damit sie nicht in Vergessenheit gerate, schrieb er auf, was er gehört hatte, die Geschichte wurde weitererzählt und wurde zu dem, was wir heute legende nennen.

Die ganze Truppe, 6500 Mann, aus Ägypten stammend, wo sie Christen geworden waren, lagerte um 302/303 in der Gegend des heutigen St. Maurice. Von den »Thebäern« wurde verlangt, ihrem Glauben abzuschwören. Da sie dies verweigerten, wurden sie getötet, auch ihr Kommandant Mauritius, den die katholischen Christen noch heute als heiligen verehren. St. Maurice ist – nach Romainmôtier – wohl das zweitälteste Kloster in Europa überhaupt, das seit seiner Gründung ohne Unterbruch besteht. Ein Kultzentrum zur Verehrung der Märtyrer gab es in Agaunum bereits seit 380. Theodul, Bischof von Mart-

gny/Sitten, liess über der Märyrer-Grabstätte eine Kirche errichten, wahrscheinlich ist dies der älteste Kirchenbau nördlich der Alpen. St. Maurice war schon früh ein bedeutender Pilgerort.[33]

Wegen seiner strategischen Lage am Eingang zum oberen Rhônetal, zudem an einer wichtigen Handelsstraße von Rom über den heutigen Grossen Sankt Bernhard nach Gallien und Germanien gelegen, richteten die Römer die Garnison Agaunum und eine Zollstation ein.

Einen weiteren Hinweis auf eine sehr frühe Christianisierung ist *in Sion (Sitten) im Rathaus zu sehen, wo sich das älteste Denkmal des Christentums in der heutigen Schweiz befindet. Es handelt sich um die sogenannte.*

Asclepiodotus-Inschrift, die heute im Erdgeschoss des Sittener Rathauses davon zeugt, dass man schon um das Jahr 377, als diese Inschrifttafel entstand, das »Geheimzeichen« der Christen verwendete, das Christus-Monogramm, flankiert von den beiden »ur-christlichen« Buchstaben A und O (Alpha und Omega) damit bekannte sich der römische Provinzstatthalter in Sitten, Pontius Asclepiodotus, der im Jahr 377 diese Tafel anfertigen liess, offen zum Christentum.[34]

---

[33] http://www. religionslandschaft.ch/de/religionen/geschichtliches/frühes-christentum/s... 20. 06. 2015

[34] ebnda

Nach dieser Erkenntnis, die eine davon in Stein gehauen und bis zum heutigen Tag ersichtlich und lesbar, kann absolut kein Zweifel mehr bestehen, dass das Christentum sehr früh in der Region der heutigen Schweiz und auch am Thunersee Fuß fassen konnte. In den Texten von Elogius Kiburger ist viel mehr Wahrheit zu finden, als bisher angenommen wurde!

3.4 Wasser

»Und die Erde war wüst und leer, und es war finster auf der Tiefe; und der Geist Gottes schwebte auf dem Wasser (1. Mose, 1.2.). Im 1. Buch der Bibel, im ersten Kapitel, im zweiten Vers, steht das Wort »Wasser« mit den Begriffen Gott, Himmel und Erde. Gott, Himmel, Erde und Wasser sind die ersten Worte der Bibel. Im 2. Buch Könige 5. 12 –14 wird Naeman im Wasser des Jordan von seinem Leprabefall geheilt.

Die Quelle vieler Geschichten und Sagen finden wir in der Bibel. Biblische Geschichten, die weitererzählt und zum Teil den eigenen Ansprüchen angepasst wurden, sind auch in den Sagen um die Kirche im Paradies zu finden und der Grundstein für die Wunder, die dem Brunnen zugeschrieben wurden. So ist auch ein großer Teil der Erzählungen des Cesarius von Heisterbach aus der Bibel entnommen und für die Eifel-Region zurecht »gedichtet«. Mit großer Wahrscheinlichkeit ist so auch die Strättliger Chronik entstanden. Die Wahrheit ist nicht in der Thunersee Region zu suchen, sondern in den Büchern des Alten und Neuen Testaments. Viele Wunder, die in Zusammenhang mit Wasser gebraucht werden, so auch dem Wunderbrunnen zu Einigen, erzählen von Blinden, die wieder sehend wurden. Die Urgeschichte zu diesem Wunder finden wir im Neuen Testament, in Johannes 9. 1 – 7, dessen Text an dieser Stelle nun Wortgetreu zitiert wird: *»Und Jesu ging vorüber und sah einen der Blind geboren war. Und seine Jünger fragten ihn und sprachen: Meister, wer hat gesündigt, dieser oder seine Eltern, dass er blind geboren? Jesus antwortete: Es hat weder dieser gesündigt, noch seine Eltern, sondern es sollen die Werke Gottes offenbar werden an ihm. Ich muss wirken die Werke des, der mich gesandt hat, solange es Tag ist; es kommt die Nacht, da niemand wirken kann. Dieweil bin ich in der Welt, bin ich das Licht der Welt. Da er solches gesagt, spie er auf die Erde und machte einen Brei aus dem Speichel und legte den Brei auf des Blinden Augen und sprach zu ihm: Geh hin zum Teich Siloah, das ist verdolmetscht: gesandt, und wasche dich! Da ging er hin und wusch sich und kam sehend.«* Jesus spuckte auf die Erde machte einen Brei und legte diesen auf die Augen des Blinden. Jedoch erst durch das Waschen am Teich Siloah wurde der Mann sehend. Diese Heilung geschah um das Jahr 32 nach Chr. wurde durch Johannes niedergeschrieben und auch weitererzählt, bis sie viele Jahre später dem Wunderbrunnen in Einigen zugeschrieben wurde. Auch in Interlaken, am Goldswilerstutz, beim Mariabründl in Willhelnsdorf bei Poysdorf, dem Heilbrunnen von Ohmbach, dem Augenbrunnen auf der Kappel, dem Augenbrunnen Pyrmont und vielen anderen Quellheiligtümern geschahen diese Heilungen nach dem Vorbild aus Johannes. Der tiefe Glaube und die Kraft Gottes können bis zum heutigen Tag Wunder bewirken.

3.5 Der Wunderbrunnen

»Hier findet man auch Gesundheit des Leibes und der Seele von der Bewegung des Wassers dieses Brunnen, der durch mich bewegt wird zu gleicher weise, als in der bewehrten Fischteich vor alten Zeiten, die Kranke heilten, durch die heiligen Engel (Joh. 5) und durch die Wirkung des heiligen Kreuzes. [32]

An dieser Stelle wird dem Brunnen, dem Wasser, welches im Paradies in den Wendelsee sprudelt, zum ersten Mal eine heilende Wirkung zugesprochen. »Hier findet man Gesundheit für Leib und Seele«. Es musste sich um ein gutes Wasser gehandelt haben, welches seit sehr langer Zeit schon den Menschen nicht nur den Durst stillte, sondern auch die Seele erfrischte. Es besteht durchaus die Möglichkeit, dass die Quelle im Paradies am Wendelsee so eine Art Geheimtip war. Oft war Wasser verunreinigt oder hatte eine sehr langsame Fließgeschwindigkeit. Auch wurde Wasser aus kleinen Tümpeln getrunken, was Krankheiten hervorrufen konnte. Schnell fließende Gewässer hingegen waren sauber und kalt, sodass diese Wasser eine erfrischende, erquickende und wohltuende Wirkung hatten. Das Wasser dieses Brunnens war ein frisches, leichtes, kühles, welches nicht wie Blei im Magen lag. Solches Wasser wurde gerne getrunken, sodass die Menschen, welche eine solche Quelle nutzen konnte, mehr Wasser zu sich aufnahmen, und somit ihrer Gesundheit etwas Gutes taten. Menschen, die gute und frische Wasser trinken konnten, reinigten so ihren Körper innerlich, konnte viele Giftstoffe ausschwemmen, hatten gesunde Nieren und Blasen und waren dadurch von vielen Krankheiten verschont. Gutes frisches Wasser war eine Voraussetzung für einen gesunden Körper und eine gesunde Seele. Die Quelle im Paradies hatte wahrscheinlich schon seit langer Zeit gut von sich reden gemacht. Die Menschen wussten vom guten und klaren Wasser und erzählten dies auch gerne weiter. Jedoch nicht nur die Worte der Benutzer des guten Wasser, sondern auch die sichtbar gute Gesundheit dieser Menschen fügte das seinige dazu bei. Dass dabei auch sehr schnell ein bisschen übertrieben wurde, war bei der ländlichen Bevölkerung des unteren Wendelsees mit Sicherheit so, wie es auch heute noch ist. Da musste nur mal eine schlimme Wunde eher schnell wieder geheilt sein, und schon wurde es dem Wasser zugeschrieben, was auch richtig war, eine starke Bindenhautentzündung konnte zu einer vorübergehenden annähernden Blindheit führen. Wurden dann die Augen mit dem sauberen klaren Wasser der Quelle im Paradies ausgewaschen, wurde sicher eine schnelle Heilung eingeleitet. Das waren gute Voraussetzungen, einem solchen Wasser den Titel »Wunderquelle« zuzuschreiben.

Viele Menschen hatten keine Zugang zu frischem sauberen Wasser, wurden dadurch oft krank, hatten Magen-, Darmbeschwerden und Durchfall, was oft zum Tod führen konnte. So ist eine Quelle, die sauberes frisches, gesundes Wasser, welches kühl und geruchlos aus dem Boden sprudelt, sehr schnell mit dem Wort »Wunder« behaftet. Es wird als Wunder betrachtet, dass gutes Wasser die Gesundheit, die Fruchtbarkeit und ein langes Leben schenken kann. Wasser ist der Lebensborn, die Gesundquelle, die Erfrischung, Erquickung und kraftspendende Nahrung für Leib und Seele.

Vielen Quellen und Brunnen werden heilende Kräfte zugeschrieben. Bis zum heutigen Tag reisen Tausende kranke Menschen mit viel Hoffnung nach Lourdes (F) um mit einem starken Glauben und dem Wasser ihre Gesundheit wiederzufinden. Aus all den vielen Heil- und Wunderbrunnen möchte ich einen ganz besonderen, der in der Region bei Leibzig (D) sprudelt, hervorheben. Der Seeleger Heil- und Wunderbrunnen, der seinen ersten Ausbruch im Mai 1645 hatte, wurde schon damals als Gesundheitsbrunnen bezeichnet. Da das Wasser zunächst aus dem blanken Acker entsprang, brachte ihm das den Namen »Wunderbronnen« ein. Ein zweiter Ausbruch war 1664 und ein dritter 1677. Auf einer steinernen Tafel im Quellhaus findet man folgende Inschrift:

»Im Monat July. Ist der Gesundheitsbrunnen bey Werben im Felde wieder entsprungen an dem Orte wo er 1664 auch gewesen, welcher Brunnen dermassen einen Ruf bekommen dass er Blinde, Scharboc und Kraetzige Leute curieret, deswegen er weit im fremden Lande ist geführt worden, bey welchen Brunnen im Monat July eine Predigt von Johann Knöcher, Pfarrer zu Hohenlohe ist gehalten und nachgehend täglich Betstunden bis zum Ausgang des Oktober gehalten worden, es sind

täglich sehr viele Leute und eine rechte Niederlage da gehalten worden, dass man alle Tage essende Waren und andere Bedürfnisse bekommen können.[35]

Ein amtlicher Erlass aus Lützen vom 1. August 1677 erwähnt,

dass viele Leute aus umliegenden Orten sich unterzogen, allerhand Näschereien und den Hülfesuchenden schädliche Speisen öffentlich feil zu halten, durch deren Geniessung »rote Ruhr« und andere Zufälle entstehen könnten, und befehligte daher dem Amtsfrohn, denen, so Kirschen, Pflaumen, Birnen, Äpfel, Gurken, Häringe und dergl. undienliche Speisen feilböten, anzudeuten und sie [...]bestraft werden sollten (Jacob 10).

In jenem Jahr 1677 muss es Tausende zum Wunderbrunnen gezogen haben, denn im Sonderdruck aus der Osternummer 1927 der Leipziger Neusten Nachrichten heisst es:

Man badet, man trinkt, man fährt das wasser in Fässern von dannen, um auch in ferner Heimat

---

[35] Originaltext der beiden Steintafeln im Quellhaus. Dieser und der folgende Text wurde mir freundlicher weise von Frau Andrea Auster, Pagau/Kitzen, zur Abschrift bewilligt. (25. Juli 2015)

seinen Segen zu geniessen. Fürsten und Adelige, Bürger und Bauern sind zu ihm gepilgert. An den Hof von Dresden, an das Hochstift von Merseburg wird amtlich berichtet. Der Kurfürst selbst teilt Stipendien aus, am auch Ärmeren die reise zum Winderbrunnen zu ermöglichen.

Eine wahre Pilgerkolonne muss sich auf den Weg zum Wunderbrunnen gemacht haben und mit ihr reiste die Kunde der wundersamen Heilungen, die sich hier zugetragen haben. Es existieren mehrere Verzeichnis, die jeden Einzelnen aufführen, der öffentlich danken ließ (und dessen Groschen in die Almosenbüchse wanderte). Die Aufstellung der geheilten Gebrechen ist beeindruckend und umfänglich und ich erfahre, dass bereits

Domenica 13. posr trinit. Anno 1646 als den 23. August Nro. 19., Hanns Eckert, Zimmermann zu Lützen. Blasenstein – vergangenen Freytag wir Mohnkörnchen graulicht von ihm gegangen.

Domenica 14. post trinit. Anno 1646

Nro. 4., Eine arme Magd von der Sitte. Schwärende und flüssige böse Augen.

Nro. 7., Maria, Christoph Bussens Witwe zu Leipzig, 20 Jahre an innerl. Reissen und Stechen ihres linken Schenkels gelegen.

Ein »Neu vermehrtes Register, derer so gesund geworden« von 1677 (...) schreibt, dass:

2., Ein Krüppel von Querfurt, welcher viel Jahr sich von Dorf zu Dorf führen lassen, der ist an der Naumburger Peter Paulus-Messe, wiewohl ungedankt, vom Brunnen gegangen.

19., Ein Priester, welcher 7 Jahr sich einer Brille bedienen müssen, nun kann er ohne Brille lesen.

20., Eine Person ist von der Krätze befreit worden.

47., Ein Mägdelein, welche die Sommersprossen vergangen.

Nur zu gern wüsste man, was drin ist in jenem Zauberwasser, doch die Analyse des Pegauer Apothekers Helbig von 1852 ist unspektakulär:

(...) es ohne Geruch und Geschmack gefunden. Helle, ohne Gasgehalt, hat 1000 Gram d.W. hinterlassen beim Abdämpfen blos ¼ Gram trockenen Rückstand, aus Kohlen, und schwefelsaurer Kalk, salzsauren Natronsalz und schwefelsaurer Magnesia und Kieselerde bestehend. Der Ursprung der Quellen ist in der grossen Hähe des Bodens zu finden (Pegauer Heimatblatt).

Viele »Lendensteine« verließen ihre Träger vermutlich, nachdem diese sich einer ordentlichen Trinkkur und durch die weite Wanderung ausreichen Bewegung unterzogen, ein Verfahren, das bei kleinen Steinen noch heute Anwendung findet. Was jedoch die Sommersprossen erblassen ließ und die Augen des Priesters schärfte, bleibt ein Geheimnis.

(...) 1678 versiegten die Quellen allmählich und mit ihm der Strom Kranken und Gebrechlichen. In den Kirchenbüchern der Kirche zu Hohenlohe findet sich in den Zeiten sprudelnder Quellen regelmäßig eine große Zahl bestatteter Personen, die nicht in der näheren Umgebung wohnten. Das dürften all jene Pilger sein, für die der Brunnen nicht heilkräftig genug war oder die den Anstrengungen der weiten Reise nicht gewachsen waren und in den Herbergen der Bauern verstarben. Zurück blieben verwüstete Äcker, über die der Beamte Kirsten 1679 folgenden Bericht erstattet:

(...) der vor zwei Jahren unweit Werben entsprungene Gesundbrunnen wiederum vertrocknet. Thüre und Bretter des Verschlages darum, wie die Hütte für die Armen und Kranken von bösen Leuten gestohlen seien, die besitzer der Äcker auch solche zum Gebrauche gerne wieder frei haben wollten (Jacob 18).

Dann ist es eine ganze Weile still um den Wunderbrunnen. Herr Wetzel aus Pegau berichtet 1873 weiter:

Den 10. September 1704 ist der Gesundbrunnen bey Werben wieder entsprungen welcher schon vorher 1645 auch hervorkommen, und hat durch Gottes wunder bahre Kraft vielen Menschen zu ihrer Gesundheit geholfen.[36]

Viele Heilungen, die dem Seegeler Heil- und Wunderbronnen zugesprochen werden, wurden auch in der Strättliger Chronik des Elogius Kiburger dem Wunderbrunnen zu Einigen, zugeschrieben. Die Wunderbrunnen hatten für Einigen wie auch für die Bewohner beim Seegeler Brunnen eine ähnliche Auswirkung. Wurden beide Orte doch bald zu Wallfahrtsorten, wo nebst dem Erlangen von Genesung auch für das leibliche »Wohl« gesorgt wurde. Die Wunderbrunnen zogen Menschen aus der näheren und weiteren Umgebung an, was zu einem Brunnen- und Heiltourismus führte und auch ein bisschen Wohlstand brachte.

---

[36] Maschinengeschriebene Abschrift aus: Kühn. Chronik für Pegau. 1852. Privatbesitz der Familie Windau. Aus dem Text von Andres Auster, »Der Seegeler Heil- und Wunderbronnen«.

Wie in Einigen, so auch beim Seegeler Brunnen ist die Heilung nur durch die Kraft Gottes (St. Michael) und das Wasser hervorgerufen worden.

3.6 Ein Kraft-Ort?

Ja, die Kirche zu Einigen ist ein Kraft-Ort. Jede Kirche, in der das Wort Gottes ehrlich und mit Andacht verkündet wird, ist ein Kraft-Ort. Ob es nun eine katholische- oder eine evangelisch-reformierte Kirche, eine Moschee oder Synagoge ist, sei dahingestellt. Überall, wo das Wort Gottes in die Herzen der Gläubigen dringt, ist die Kraft allgegenwärtig. Die Kraft kommt von Gott. Der Pfarrer, Priester, Prediger, Imam oder Rabbiner empfängt die Kraft, besitzt die Fähigkeit, diese Kraft in Worte umzuwandeln und dem Gottesdienstbesucher in seiner Sprache weiterzugeben. Somit dringt die Kraft durch das Wort in die Gläubigen. Die Kraft kommt von oben und fällt nicht zu Boden. Mit den Menschen, die die Kraft aufnehmen, gehen diese ihren Weg, und verbreiten das Erhaltene unter den Mitmenschen, zu Hause und am Arbeitsplatz.

Die Kirche Einigen ist eine ganz besondere Kirche. Die Kirche, die ihren Platz von St. Michael zugeteilt erhielt, die Kirche mit dem Wunderbrunnen, der vielen Gesundheit schenkte, die Wallfahrtskirche, welche von Tausenden besucht wurde und Menschen im Glauben stärkte. Die Kirche, in der noch heute das Wort verkündet wird und wo Kraft empfangen werden kann. Jedoch etwas teilt sie mit all den anderen Kirchen und Sakralgebäuden; sie alle sind Orte der Kraft.

Seit einiger Zeit wird das Wort »Kraftort« für alle mögliche- und unmögliche Hinweise und zu Werbezwecken gebraucht. Zeitschriften und Bücher haben sich diesem Thema angenommen, deren Verkaufszahlen eine deutliche Sprache sprechen. So werden nicht nur einzelne Gebäude, Wegkreuze, markante Steine oder Bäume zu Kraftorten, sondern ganze Regionen. »Der Bodensee ist ein Kraftort« schreibt Sonia Hüsler im März 2001 in der Zeitschrift »Tele«. Auch die Gemeinde Spiez am Thunersee nennt sich seit kurzer Zeit »Kraftort am Wasser«. Was ein Kraftort ist, ist auch unter Kraftort-Anhängern umstritten. So ist im »Tele« vom März 2001 folgendes zu lesen: *»Unter den Kraftort-Anhängern gibt es zwei Bewegungen. Eine verlässt sich auf Bovis-Einheiten: Diese werden mit dem Pendel gemessen und zeigen die Stärke einer »Lebens- oder feinstofflichen Energie an«. Die Westschweizer Ingenieurin, Politikerin und Geobiologin Blanche Merz (1919-2002) hat weltweit Hunderte solcher Kraftorte aufgespürt, ausgependelt und ausgemessen. Die zweite Grup-*

pe kümmert sich nicht um Bovis-Einheiten, sondern verlässt sich wie Barbara Hutzl-Ronge auf die Geschichte und die eigene Intuition. Beide Gruppen sind jedoch davon überzeugt, dass unsere Vorfahren ihre Kultstätten bewusst an Standorten mit einer spürbaren natürlichen Energie gebaut haben – und dass diese unsere Lebensumstände positiv beeinflusst.[37]

Kraft ist ein Merkmal des Weges und der Tätigkeit Gottes, der allein vollkommen über sie verfügt.

3.7 Fazit der Wahrheitssuche

Dass dieses Heiligtum am selben Ort, da es doch ist, soll verdientermassen, würdig geehrt und gehalten werden; und darum hab ich keinen Zweifel, dass die würdigen Reliquien und Gebein ist an der würdigen Statt der Kirche und des Kirchhofes bei dem heiligen Brunnen daselbst zu dem Paradies, möge noch bis zum heutigen Tag einem jeglichen Menschen, der diese anrufe und ehre, in allen seinen Anliegen und Nöten, Krankheiten und kümmerlichen Sachen zu hilf kommen;. [175]

Die Kirche Einigen steht noch heute an den Gestaden des Thunersees, ein kleiner sakraler Stein-

[37] Zeitschrift »Tele«, März 2001, S. 25

bau mit spitzem Turm und mag um die 1000 Jahre alt sein. Dass vor dieser Kirche schon eine ältere an diesem Standort war, wurde bei der letzten Restaurierung 1954/55 zu Tage gebracht. Ob davor noch eine »Holzkirche« die Gläubigen zum Gebet rief, kann nicht mit Sicherheit dargelegt werden. Jedoch besteht durchaus die Möglichkeit, dass Herr Arnold von Strättligen um das Jahr 315/16 den Papst Silvester in Rom besuchte und von dem Brunnen und einer Kirche im Paradies am Wendelsee erzählte. Dass um 302/03 schon Christen nördlich der Alpen lebten, bezeugt die Geschichte der christlichen Garnison im Wallis und die Steintafel im Rathaus zu Sitten. Aber auch der römische Tempel in Allmendingen bei Thun, wo mit großer Wahrscheinlichkeit schon sehr früh zum Christentum konventierte Frauen und Männer am Thunersee, links der Aare, vom Christentum erzählten.

Elogius Kiburger konnte nur das schreiben, was er gelesen hatte (lateinisches Buch, Cesarius von Heisterbach oder aus anderen schriftlichen Quellen, die ihm zur Verfügung stunden). Aber auch von dem, was er gehört und gesehen hatte. Schreiben hat vor allem den Nutzen, dass mündlich weitergegebene Geschichten (wie oft dies auch immer verändert wurden) vor dem Vergessen zu bewahren. In jeder mündlich überlieferten Erzählung ist ein Kern Wahrheit. Und dieser

Kern, der aus Erlebtem, durch viele Ohren und Munde zur Sage wurde, soll mit dieser kleinen Schrift vor der Vergessenheit bewahrt werden.

Möge es gelingen, dass die Geschichten, Erzählungen und Sagen vom Wunderbrunnen und der Kirche im Paradies noch lange Zeit die Herzen der Leser erfreuen und, so wollte es sicher auch Elogius Kiburger, die Menschen in ihrem Glauben stärken. Denn nur Gott und der Brunnen gemeinsam konnten all die Wunder vollbringen.

Von Arthur Maibach erschienen im Rediroma-Verlag:

Katzenstein eine Entmythologiseirung des Kindlistein und ein Mahnmahl der Frauenunterdrückung

Spiezer Winzer in der Pfalz und Massenauswanderung aus dem Berner Oberland